한번 보면 유머
두번 보면 탈무드 2

한번 보면 **유머**
두번 보면 **탈무드** 2

이건영 지음

엘 맨

머리말

현대 사회에서 리더가 갖추어야 할 중요한 자질 중 한 가지가 유머라고 합니다. 유머를 통해 사람들은 상대방에 대해 긴장감을 늦추게 되며, 호감을 갖게 됩니다. 반대로 언제나 너무 진지하기만 하고, 격의를 차린 딱딱한 이야기만을 하는 사람에게는 가까이 다가서기가 쉽지 않습니다.

설교를 할 때에도 유머스러운 예화를 사용하면 성님들도 더 잘 집중하며 본문의 의미를 쉽게 이해하는 것을 보게 됩니다. 물론 너무 자주 유머를 사용하여 본문에 충실하지 않은 설교를 한다면 그것은 잘못된 일이지만 말입니다.

예수님도 하나님 나라의 복음을 선포하며, 가르치실 때 사람들이 그 말씀을 즐겁게 들었다고 성경은 기록하고 있습니다.

"다윗이 그리스도를 주라 하였은즉 어찌 그의 자손이 되겠느냐 하시더라. 백성이 즐겁게 듣더라"(막12:37).

사람들에게 말씀을 전하시는데 타의 추종을 불허하신 예수님은 언제나 청자의 수준을 고려하여 가장 쉽고도 재미있는 방법으로 말씀을 증거 하였습니다.

사람들이 예수님의 말씀을 즐겁게 들을 수 있었던 이유는 그것이 우리에게 구원을 주는 기쁨의 복음이었기 때문입니다. 그러나 거기에는 예수님의 대화의 기법이 한 몫을 하고 있는 것을 보게 됩니다. 예수님은 사람들을 가르치시고, 교훈하실 때에 직설적이지 않게 간접적인 비유로 말씀하셨습니다. 즉, 예수님은 어떠한 상황 가운데서는 유머를 사용하셔서 백성이 재미있고, 즐겁게 듣도록 하셨습니다.

이 책에 쓰인 이야기들은 목회와 일상의 현장에서 발견한 웃음이 묻어나는 작은 이야기들입니다. 그러나 웃음으로만 그치지 않고 그 속에 신앙적인 교훈과 삶의 지혜를 동시에 발견할 수 있을 것입니다. 이 책에 담겨져 있는 작은 웃음들을 통하여 믿음의 옷깃을 여미는데 작은 보탬이 된다면 더 바랄 것이 없겠습니다.

이 책을 발간하며 먼저는 우리에게 참된 기쁨과 웃음을 주시는 하나님께 큰 영광을 돌립니다. 또한 언제나 기도로 동역하시는 교역자들과 장로님들, 그리고 진심으로 아껴주시는 성도님들께도 사랑의 마음을 전합니다. 존경하는 부모님과 사랑하는 아내, 아들, 딸에게도 고마움을 전하는 것은 저를 웃음 짓게 하는 가장 큰 이유가 바로 가족이기 때문입니다.

특히, 연약하신 중에도 부족한 종을 위하여 기도해주시는 원로목사님께 감사와 존경의 마음을 전해드리며, 이 책을 읽는 모든 분들께 하나님께서 주시는 삶의 웃음이 가득하시기를 축원을 드립니다.

2005년 6월
사랑하는 성도들로 인해 웃음 짓는 이건영 목사

차례

제1부 세상 속의 그리스도인

1. 할례, 안 할례   13
2. 작년에 비해 술을 절반밖에 준비하지 않았던 어느 과대표 이야기   17
3. 마음으로 수술하시면 됩니다   21
4. 왔시유   25
5. 못생긴 주제에 옷은 비싼 것 입었네   29
6. 이건영님, 24인치 48kg을 꿈꾸시나요   32
7. 덮어주고 드러내라   36
8. 외과의사가 제일 수술하기 쉬운 사람   40
9. 기독운전자 10계명을 아십니까   44
10. 교주 로또   48
11. 공짜를 조심하세요   52
12. 어둡기 전에 본향가게 하소서   63
13. 결혼은 미친 짓이다   60
14. 지붕 위에서 떨어진 이유   64

제2부 믿음, 그 성장을 위하여

1. 내가복음과 주님의 복음   71

2. 스트레스 해소법 74
3. 펭귄표 아주머니 78
4. 혹 성경운반책 교인은 아니신지요 82
5. 좋은 습관은 기적을 낳습니다 86
6. 만져 터트리지 마세요 90
7. 같이 가, 처녀 94
8. 개 같은 사람 98
9. 죽여라, 죽여 101
10. 빠르면 빠를수록 105
11. 너는 아느냐, 할 수 있느냐 109
12. 목포란시스코 113
13. 에이, 저 녀석 삶아 버려라 117

제3부 행복한 교회생활

1. 신세대 부목사님 123
2. 성냥불로 봐주세요 127
3. 새신자 등록카드에 당신도 이름을 올려 봐 131
4. 신판 개미와 베짱이 이야기 135
5. 헤롯 증후근 139
6. 교회생활 박살계를 아시나요 143
7. 목사와 장로는 적이 아닙니다 147
8. 자명종 권사님 150

9. 때와 장소를 가려야 합니다	154
10. 파리와 모기 이야기	158
11. 이해란 입장을 바꾸어 보는 것입니다	161
12. 하나님은 색맹이십니다	164
13. 식사시간	167
14. 어설픈 교인을 가려내는 교인의 모임	171
15. 교회생활은 긴 대화	175
16. 때론 한 숨 돌리는 것도 좋은 경건	179
17. 양아치 교인	183
18. 질리는 교사는 되지 마셔야지요	187
19. 토할 정도로 먹는 날	191
20. 평생 원수	195
21. 영적 기근의 원인	199
22. 당황과 황당	203
23. 대표기도 야화	207
24. 잠 귀신을 물리쳐라	211

제4부 비타민 같은 유머

1. 지도자와 유머	217
2. 스마일 장로님	221
3. 입이 비뚤어진 이유는	225
4. 절망, 감사, 웃음은 동격입니다	228

5. 야옹, 야옹   232
6. 웃어요, 웃어   236
7. 뭐라고? 못 들었단 말이야   239
8. 이게 아닌데   242

제5부 교회 같은 가정생활

1. 안 참으면 어쩔 거네   249
2. 아버지와 유산   252
3. 잡초는 뽑아주는 것이 좋습니다   256
4. 잔소리   260
5. 양 손가락을 기억하세요   264
6. 교회놀이 하고 있는 거에요, 아빠   267
7. 입장을 바꾸어 생각합시다   271
8. 주의 종과 같은 이불을 덮고 주무셨다   275
9. 대변상추쌈   279
10. 메아리치는 말   283
11. 초심으로 돌아가자   287
12. 그냥 깻잎 사다 먹었지 뭐   291
13. 부부 노년 10계명   295
14. 만두 속 터지는 소리   298

제1부

세상 속의 그리스도인

1
할례, 안 할례?

　　　　　　술에 취하여 주정을 하는 분들의 모습은 마치 일곱 색깔 무지개보다 더 다양하다고 합니다.

· 술만 들어가면 남들이 들어주든지 말든지 엄청나게 말이 많아지는 분들이 계십니다.
· 옆에 있는 사람을 툭툭 치거나, 쓰다듬거나, 좌우간 사람을 귀찮게 하는 분도 계십니다.
· 세상 다 산 사람처럼 고개를 들지도 않고, 그저 풀이 팍 죽어 계신 분도 계십니다.
· 술만 마시면 무조건 주무시는 분이 계시는데, 이번 주에도 예외가 아닐 것입니다.

· 사람들이 싫어하던 말던, 반주 여부와 상관없이 젓가락을 두드리며 노래를 합니다.
· 김삿갓 방랑자처럼 이곳저곳을 목적없이 돌아다니므로 친구들이 미칠 지경입니다.
· 아무 말이 없습니다. 하염없이 울기만 해서 술 맛을 떨어지게 하는 분도 계십니다.
· 아무 관계도 없는, 옆에서 술 마시는 사람에게 시비를 걸고 싸우는 분도 계십니다.

정말 특이한 분이 계십니다. 즉 평소에는 별로 신앙이 있어 보이지 않았는데, 술만 들어가면 마치 성직자 이상으로 교회와 예수님에 대하여 열렬히 전도하므로 친구들을 당황하게 만드는 분이십니다.

특히 만취가 되면 엉뚱하게도 구약의 '할례' 이야기를 친구들에게 소개하다가, "다음 주일이 우리 교회 새생명 초청 전도 주일인데 너 우리 교회 예배 한 번 참석 할례, 안 할례?" 고래고래 소리를 치자, 친구들이 "그래, 그래, 참석 할례!"하며 당황하게 만드는 분도 계시다고 합니다.

신앙을 가지고 있으면서 어쩔 수 없이 술을 드시고 계신 교인들 중에, 술과 한판 전쟁을 하여 승리하고 싶은 마음이 들지 않았던 교인이 어디 있겠습니까? 그러나 매번 그 녀석에게 패배한 후에, 다음 주일 예배당에 들어와 묵상기도하며 '너 집사 맞아?'라고 자신에게 찌푸린 얼굴을 하기를 이제 몇 년째입니까?

그럼에도 불구하고 감사해야 할 일이 있습니다. 왜냐하면 그렇게 주초문제를 해결하지 못하면서도 주일이면 교회로 나가 예배에 참석할 수 있다는 것은 결코 우연이 아니기 때문입니다. 놀라운 일입니다. 아마도 하나님의 자녀로 선택된 분명한 증거일 것입니다. 마치 외박하지 않고 늦게라도 집에 들어오는 자식이 눌러 대는 초인종 소리가 그리 싫지 않듯이, 우리 하나님의 우리들을 향한 마음도 그러할 것입니다.

어떻게 그런 하나님의 마음을 알아낼 수 있냐고 물으시나요? 제가 서울에서 부목사 시절을 보낼 때, 어느 교회 청년부를 섬겼습니다. 그런데 어느 날 금요심야기도회에 술에 만취한 청년부 회장이 비틀거리면서 들어 왔습니다. 술 냄새에 주위 사람들의 따가운 시선에도 아랑곳 하지 않고 열심히 기도하는 그 청년의 뒷모습이 어찌 그리 사랑스러웠

던지요! "녀석, 그래도 술 취해 다른 곳으로 가지 않고, 교회로 왔으니 보기 좋다! 가능성이 있다!" 라고 중얼거리던 저의 모습이 생각나기 때문입니다.

우리들에게 주어진 '시간은 우리 존재의 매개체'입니다(전 3:11, 17). 우리에게 시간을 주신 하나님께서 그 시간을 참으로 소중하게 여기셨듯이, 우리들도 시간이 있기에 존재함을 상기하며 시간이라는 선물을 소중히 사용해야 할 것입니다.

세상 사람들은 "시간은 돈이다!" 라고 외칩니다. 그러나 하나님의 사람들은 "시간은 하나님의 선물이다!" 라고 외쳐야 합니다. 그 때 드디어 술 마시는 시간에서 해방되는 역사가 시작될 것입니다. 그리고 그 시간을 하나님을 위한 시간으로 전환하는 승리를 체험하게 될 것입니다.

2
'작년에 비해 술을 절반밖에 준비하지 않았던 어느 과대표 이야기

친구 목사님의 아들이 대학에 입학하여 첫 과모임에 참석하게 되었습니다. 모든 대학교의 신입생을 향한 신고식이 그러하듯이, 그 날 밤 사발주로 인하여 친구 목사님 아들은 정신을 잃고 말았습니다. 술에 약하였던 그 목사님의 자녀는 급기야 혼수상태에 들어가고 말았고, 황급히 병원 응급실로 옮겨졌습니다.

사태의 심각함을 직감한 어느 선배에 의하여 집으로 그 소식이 전달되었고, 제 친구 목사 내외도 역시 거의 혼수상태가 되어 병원으로 날아갔습니다. 위세척 및 응급조치를 받았으나, 제정신이 돌아오지 않은 아들을 흔들기 시작하였습니다. 얼굴을 때리며 애타하다가, 얼마 후 정신이 돌아오는 듯한 아들을 향하여 이렇게 물어보았다고 합니다.

"야, 야! 네 이름이 뭐냐? 말해봐!" 그러자 아들은 첫 번째 외출을 나와 부모님께 인사하는 이등병의 힘차고, 군기 찬 목소리로 "예에~, 김 XX 입니다~." 하도 어이없어 친구 목사님은 다시 물어보았다고 합니다. "그래. 그러면 내가 누구냐?" 그랬더니 다시 응급실이 떠나가라는 듯이 외치며 하는 말, "네에~ 썬배님이십니다~!" 얼마나 심한 신입생 신고식을 선배들에게 받았길래...

다른 이야기 한 가지를 더 나누고 싶습니다. 제가 잘 알고 있는 집사님의 아들 이야기입니다. 그 아들 역시 지난 해 신입생 M.T.에 참석하였다가 많은 불합리함을 느꼈습니다. 그런데 올해 그 집사님 아들이 2학년 과대표가 되어 M.T.를 주관하게 되었습니다. 그 아들은 교수님들을 찾아갔습니다. "교수님, 토요일과 일요일에 하는 1박 2일 수련회를 금, 토요일로 날짜 변경해 주시기를 바랍니다. 교회 다니는 학생들에게는 일요일이 교회에 가야 하는 주일이기 때문입니다."

어려움이 있었으나 결국 허락을 받아내고 말았습니다. 그리고 과대표로서 재정을 운영할 수 있는 권한을 선용하였습니다. 그래서 작년에 비하여 절반도 되지 않는 양의 술만 준비하게 하였습니다. 물론 M.T.가 있던 그 날 밤 술자리는 아쉬움 속에서 자정 전에 끝이 났습니다. 그러나 만취하여 지성인답지 않은 작태를 새벽녘까지 보였던 작년의 무모함에서 벗어나는 밤이 되었습니다.

진정한 교회의 사회참여 방법은 무엇이라고 생각하십니까? 교회는 다윗 혹은 에스더 같은 청년들을 키워서 세상 사회로 내 보내는 방법을 택하여야 합니다. 즉 교회는 사람을 키우는 곳이지, 사회와 학교에 직접 무력과 폭력을 행사하는 단체는 아닙니다. 다시 말씀드리면 잘 포장된 주류회사의 명성과 싸우는 사역보다, 술에 인박힌 사람을 예수님의 복음으로 변화시키는 사역을 감당할 사람을 양육해 파송하는 곳이 바로 교회입니다.

근본주의와 복음주의의 차이점은 무엇이라고 생각하십니까? 두 주장 모두 성경말씀을 철저히 신뢰하고 있습니다. 그러나 큰 차이점이 있으니, 근본주의자들은 교회 안에 머물러 있기를 즐겨합니다. 반면 복음주의자들은 하나님의 말씀을 가지고 사회로 들어가서 복음적인 영향력을 끼칩니다.

 마치 그 어느 집사님의 과대표 아들같이 말입니다.

3
마음으로 수술하면 됩니다

제가 오늘 특급비밀 한 가지를 알려 드리겠습니다.

김정일 국방위원장이 우리 남한을 공식방문하지 못하는 이유를 아시는 분이 혹시 계시는지요? 물론 이런 저런 이유가 있을 것입니다. 그러나 그것들은 다 부차적인 이유입니다. 제일 중요한 것을 이제 말씀드리고자 하니 함부로 누설하지 않기를 바랍니다.

그 까닭은 남한 도시 술집 여기저기에 폭탄주가 즐비하게 있고, 택시도 총알택시이며, 시골에 가면 왕대포집이 많기 때문이라는 것입니다. 물론 김 국방위원장이 들으면 웃을 일이지요. 그러나 우리나라 술 문화, 폭주문화는 결코 바람직하지 않으며, 특히 신앙인들에게는 참으로 견디어내기 힘든 사회생활의 흐름인 것을 부인할 수 없습니다.

 그래서 우리 교회 어느 젊은 집사님 내외분은 술과, 그로 인한 향락문화에 힘들어하시다가 그 좋은 대기업 사원으로서의 특권을 포기하고 미국으로 이민하여 그 곳에서 회사를 다니고 있습니다. 물론 가정과 개인생활을 소중히 여기는 미국 회사문화에 만족을 하고 있습니다. 그러나 2, 3차 술 문화가 없는 미국 회사생활보다 한국 회사생활을 더 그리워하는 교민들도 있다고 합니다.

 그러므로 이제는 술을 거의 마약과 같은 수준으로 취급해야 합니다. 폭주를 자신의 인생문제 중요한 해결방법으로 여기는 어느 사람이 길거리에서 금주에 대한 포스터를 보았다고 합니다. "술은 당신을 서서히 죽이는 독약입니다!"라는 포스터 내용을 읽고 이런 말을 독백하며 사라졌다고 합니다. "그래, 나는 빨리 죽고 싶지 않은 사람이라 술을 마신다, 어쩔래?" 라고 말입니다.

그러나 술 문화 때문에 이민을 갈 수 없는 분들, 혹은 어쩔 수 없는 술좌석과 신앙생활의 쌍곡선 가운데서 고민하고 있는 분들에게 오늘 치료방법을 말씀드리고자 합니다. 술에 대한 무릎 꿇음은 결코 칼로 수술하여 고칠 수 없습니다. 물론 독한 결심으로도 불가능하다는 것을 이미 경험을 통하여 인정하고 계실 것입니다.

오직 마음으로 수술하는 방법 밖에 없습니다. 즉 마음으로 성경말씀을 사모해야 합니다. 그리고 예배를 통하여 자신의 마음에 기도와 찬양의 단비가 내려지기를 사모해야 합니다. 또한 마음으로 믿음의 식구들과의 교제를 통한 새로운 기쁨과 만남의 즐거움을 사모해야 합니다.

그대로 성령께서 그런 사모함을 받아 주시고 자신을 소원성취의 항구로 인도해 주심을 맛보아 알게 될 것입니다. 동시에 술로도 수술되지 않았던 삶의 그 문제까지 해결되는 은총을 체험하게 될 것입니다. 그래서 자신에게 임한 그 변화를 다른 이들에게 예수님과 함께 전하는 대열에 동참하게 될 것입니다.

그 결과, 더 이상 술에 사냥감이 되지 않고 그 술을 사냥

하는 사냥꾼이 될 수 있을 것입니다. 늦었다 할 지금이 새로운 시작의 머리입니다.

4
왔시유……?

누가 옮겨 주시지 않으면 먼 곳으로 여행할 수 없는 연세 많으신 어르신이 계셨습니다. 그런데 마침 어느 교회에서 어르신 초청 온천여행이 있어서 정말 감사한 마음으로 온천을 가셨습니다.

넓은 대중탕에 들어가 동료 교인들과 목욕을 하고 있는데, 이게 웬일입니까? 미국 아줌마가 거울 앞에서 쪼그리고 앉아 목욕을 하고 있는 것이 아닙니까? 신기하기도 하고 반갑기도 하여 이 충청도 출신의 할머님이 인사를 건넸다고 합니다. "왔시유……?"

그러자 이 미국여자는 무슨 말씀을 하시는가, 잠시 당황하더니 금방 외국인 특유의 밝은 웃음을 머금으며 알았다는 뜻으로 고개를 끄덕이었습니다. "왔시유?" 즉, 그 할머님이 What see you? 라고 질문하시는 것으로 깨닫고 말입니다. 물론 문법적으로는 문제가 있으나, 저렇게 연세가 많으신 분이 '너 무엇을 보고 있느냐?' 라는 말을 영어로 자신에게 질문하시는 것에 크게 놀라면서 말입니다.

 그 때, 그 미국 아줌마는 이렇게 대답을 하였다고 합니다. "미러(Mirror)!", 즉 거울을 보고 있다고 대답하며 두 어깨를 으쓱 올려 보였습니다. 그런데 우리나라 어르신들이 외국인들에 대하여 얼마나 친절하십니까? "미러? 응, 자기 등의 때를 밀어달라는 말이구먼! 멀리서 오신 외국 손님이신데 정성으로 밀어주자!"

 그 다음의 이야기는 하지 않아도 피차 얼마나 당황하였을까, 넉넉히 추측이 되시지요? 괴로운 미소를 지으며 도망 다니는 미국 아줌마와 때를 밀어 준다는데 왜 피하는지 이상해 하시며 쫓아다니는 그 충청도 출신 할머님의 모습을 말입니다.

마찬가지로 때로는 상대방이 자신의 호의와 관심에 부담스러워 하건만, 일방적으로 생각하며 강요하듯이 행동을 하는 분들을 만나게 됩니다. 혹 자신이 그런 유형의 사람으로 살아가지나 않는지를 확인해 보는 것도 좋을 듯 합니다. 그리고 사람들이 자신의 친절함을 좋아할 수 있는 방법을 찾아내어 실천하는 것은 참으로 중요한 삶의 우선순위일 것입니다.

 그 지혜로운 방법으로는 첫째, 그 상대방의 존함을 기억하여 부르는 것입니다. 둘째, 밝고 따뜻한 미소로 대하는 것입니다. 셋째, 그 분의 눈을 바라보면서 훌륭한 경청자가 되어 드리는 것입니다. 넷째, 그 분의 관심사를 주요 대화 주제로 삼는 것입니다. 그리고 다섯 번째, 상대방의 이야기에 정말 관심이 있다는 분명한 증거로써 대답을 잘 해 드리는 것입니다.

 마치 사마리아 수가성 우물가에 있었던 어느 부정한 여인을 향하여 대화하시던 우리 예수님처럼 말입니다(요4:1-26). 그런 좋은 대화법을 자신의 경건으로 만들어 인간관계에서도 성공하시고, 결국 그 분의 영혼까지 구원에 이르게 하신다면 정말 후회 없는 삶이 되실 것입니다. 물론 그런 삶을 원하는 분들에게는 성령님이 함께 하실 것입니다. 이제 도전해 보시기 원합니다.

5
못생긴 주제에 옷은 비싼 것 입었네!

　　　　　　어느 초등학교 2학년 반에서 생긴 일이라고 합니다. 어느 날 그 반 담임선생님께서 학생들에게 장래희망을 물어 보셨습니다. 아이들은 자기들의 희망을 이렇게 말씀드렸습니다. "대통령이요!", "저는 군대에서 장군이 될 거에요!" 또한 여자 아이들은 "간호사요!" 혹은 "좋은 엄마가 될 것입니다!" 라고 말입니다.

　몇몇 아이들이 힘차게 대답하는 것을 듣고 있던 선생님은 그 반에서 공부도 잘하고 인기가 있어 반장이 된 아이에게 질문하였습니다. 학급의 많은 아이들은 그가 반장이기 때문에 틀림없이 멋진 장래희망을 말할 것이라고 기대하고 있었습니다.

그러나 반장의 대답은 정말로 앞에 계신 담임선생님을 당황하게 만들었으며, 그 반 학생들도 어쩔 줄 모르게 한 대답이었습니다. "네, 선생님, 저의 장래희망이요? 뭐 이것저것 해 보다가 다 잘 안되면 선생질이라도 해 보아야지요!"

만일 어느 분께서 아무런 문제가 없는 교회에서 신앙생활 하기를 원한다면, 차라리 신앙생활을 시작하지 않는 것이 유익할 것입니다. 왜냐하면 그 분이 그 교회를 시험 들게 할 장본인이 될 확률이 높기 때문입니다. 우리들의 지상 교회는 작고 큰 문제를 안고 성장하는 공동체입니다. 즉 죄 없는 분들이 모인 곳이 아니요, 계속 죄 용서함을 받아야 할 분들이 모인 곳입니다.

그러나 그렇다고 함부로 하나님의 교회와 교인들을 대하는 것은 불경건입니다. 이 곳은 살아 계신 하나님의 교회요, 진리의 기둥과 터이기 때문입니다(딤전3:15). 그러므로 이 하나님의 집에서는 어느 교인이 자신의 눈앞에 계시지 않아도 이런 말들은 하지 말아야 합니다.

"그 분, 초등학교도 제대로 못나온 사람이잖아! 출세했지!", "그 사람 돈 자랑 하려고 헌금 많이 하는 것이야. 그 친구 돈 말고 가진 것이 뭐 있나?", " 못 생긴 주제에 옷은 비싼 것 입었네. 옷으로 그 얼굴이 커버되나?", "새벽기도도 나오지 않는 주제에?", "주일오전예배만 나오는 교인이...", "전도는 한 명도 하지 못하면서 월례회 기도는 왜 그리 길게 하는 거야?"

상대 교인의 처지와 현실을 이해하지 않고, "나는 할 말을 마음에 담아두는 체질이 아니라, 이야기해 버려야 속이 시원한 체질이야!" 라며 말하는 혀를 잘 다스리는 것이 교회생활의 또 하나의 경건일 것입니다.

즉 선생님 앞에서 이것저것 하다가 안 되면 선생질이나 하겠다는 철없는 초등학생과 같이 말하는 버릇이 점점 줄어드는 것이 바로 성화(聖化)요, 온전한 성도로 만들어져 가는 첩경일 것입니다.

"우리가 다 실수가 많으니 만일 말에 실수가 없는 자면 온전한 사람이라 능히 온몸에 굴레를 씌우리라"(약3:2).

6
이건영님,
24인치 48kg을 꿈꾸시나요?

지난 연말 저의 이 메일에 들어온 편지 내용 중에 황당한 글들을 소개하고자 합니다.

· "이건영님, 24인치 48kg을 꿈꾸시나요?"
· "이건영님, 수능 점수 폭락! 대학입시 전문가와 상담해 보세요."
· "이건영님, 55size 48kg 만드는 비법을 알려드릴까요?"

물론 저도 체중조절을 해야 할 정도의 과체중입니다. 그러나 24인치에, 48kg을 꿈꾸고 있지는 않습니다. 만일 그 꿈이 현실로 이루어지는 날, 저는 어느 병원 영안실에 누워 있을 것이 분명합니다.

 물론 요새 지나치게 바쁜 일정을 감당하다 보니 설교준비 점수가 폭락하고 있음을 부인할 수 없습니다. 정말 시간관리사인 성령님과 일대일 상담을 하여 목회시간의 우선순위를 재 조정해야 할 것 같습니다. 그러나 저의 수능 점수가 폭락한 것은 벌써 33년 전 일인데, 정말 그 때 그 시절 악몽을 되살아나게 하는 황당한 글이었습니다.

 혹 이런 내용이라면 귀엽게 받아 주면서 웃어 볼 수도 있는데 말입니다. "사과를 영어로 애플이라고 하는데, '좋은 사과'는 영어로 무엇일까요?" "예, 파인애플이지요!", 또는 "돈을 영어로 '머니'라고 하는데 '계란을 팔아서 번 돈'은 영어로 무엇일까요?" "예, 에그머니 라고 하지요!" 라는 글이라면 혹시 모르겠지만요.

 황당한 이 메일 내용들처럼 상대방의 상황과 처지를 잘 알지 못하면서도 그에 대하여 많은 것을 알고 있는 것처럼 말하는 분들은 정말 황당한 교인들입니다. 특히 불특정 다수에게 어느 교인이나, 특정 부서에 대하여 해야 할 말, 하지 말아야 할 말들을 구별하지 못하고 전하기를 좋아하는 분들은 정말 '백설공주', 즉 '백방으로 설치며 돌아 다니는 공포의 주둥아리' 교인입니다. 목회하면서 때로는 성령님도 못 말릴 정도의 백설공주 교인도 만나 본 적이 있습니다.

그런데 그런 분들에게 놀라울 정도의 공통점이 있다는 것도 목회하면서 발견하였습니다. 그것은 사실을 제대로 알지 못하면서도 남의 말하기를 좋아하던 분들이나 그분들의 자녀들이 잘되는 것을 보기 어렵다는 것입니다. 즉 하나님의 축복을 받을 그릇이 되지 못하더라는 것입니다. 그 이유를 어느 날 성경을 보다가 발견하고, 그 누구보다도 제일 먼저 제 자신을 다시 바라보게 되었습니다.

예수님께서 제자들을 각 성으로 파송하면서 하신 말씀을 기억하실 줄 압니다. 어느 곳에 들어가든지 그 곳의 평안을 빌라고 말씀하셨습니다. 그리고 그 집이 주님의 이름으로 빈 평안을 받을 만한 사람들 있는 곳이라면 그대로 될 것이나, 그렇지 않으면 제자들의 빈 평안이 다시 제자들에게 되돌아와 임할 것이라고 주님께서 예언을 하셨습니다(마 10:12-13).

혹 주님의 말씀을 이렇게 해석해 보신 적이 있으신지요? 만일 내가 어느 집이나 사람에게 자신의 감정을 통제하지 못하고 독한 말, 비판, 혹은 저주스러운 말을 전하였는데 그 집 혹은 그 사람이 그런 분이 아니라면 내가 한 말이 결국 누구에게 돌아올 것인가?

그러므로 복 받기를 위해 간절히 기도하는 것만큼 중요한 경건은 먼저 내 입을 지키는 것 같습니다.

7
덮어주고 드러내라!

　　　　　미국사람, 일본사람 그리고 한국 사람이 함께 아프리카 여행을 하게 되었습니다. 그런데 정글에서 길을 잃어버린 후, 이리 저리 헤매다가 결국 좀 개화된 식인종들에게 붙잡히고 말았습니다. 옛날 같으면 잡아먹힐 뻔 한 순간이었지만, 때를 잘 만나 곤장 100대씩을 무단 침입죄로 맞게 되었습니다.

　추장은 곤장을 때리기 전, 자신의 소원을 한 가지만 이야기하면 들어 주겠다고 약속하였습니다. 제일 먼저 미국사람이 "곤장을 치기 전, 저의 엉덩이 위에 방석 7장을 올려 주시면 감사하겠습니다."라고 말하자, 추장은 그 미국인의 소원을 들어 주었습니다.

 그리고 곤장 100대를 맞기 시작하였습니다. 그러나 방석이 너무 얇고 낡아 70대 쯤 맞으니까 방석이 다 찢어져 버리고 말았습니다. 할 수 없이 맨 살에 나머지 30대를 더 맞은 미국인은 결국 실신하고 말았는데, 실신 직전에 이런 말을 남겼습니다. "그래도 나는 개척정신이 뛰어난 민족의 후예야!"

 다음은 일본인 차례였습니다. 그는 추장에게 "제 엉덩이와 그 근처에 침대 매트리스 7장을 올려 주시면 감사하겠습니다. 추장님!"이라는 부탁을 하였고, 추장은 약속을 지켰습니다. 아무리 폐기처분할 매트리스라도 매트리스가 아닙니까? 그래서 일본인은 도리어 곤장 맞는 것을 즐기면서 100대를 맞았습니다. 그리고 일어나서 밝게 웃으면서 이렇게 말하였습니다. "역시 나는 모방의 기술이 뛰어난 민족의 후예란 말이야!"

 이제 마지막으로 우리 한국 사람이 추장 앞으로 나갔습니다. 그러자 추장은 "자네, 소원은 무엇인가?"라고 질문을 하였습니다. 그 때 그 한국인은 무엇이라고 대답하였겠습니까? 한국인은 의미 있는 눈웃음을 쓱 지으면서 "저 일본놈을 제 엉덩이 위에 올려 주시면 고맙겠습니다, 추장님!"이라고 말했습니다.

한일전 축구대회가 있으면 온 나라가 난리법석입니다. '무조건' 그리고 '절대적'으로 일본은 이겨야 한다는 것입니다. 만일 지면 금방 나라가 망할 것 같은 분위기입니다. 무엇 때문일까요? 잘못된 고정관념 때문입니다. 즉 일본사람들은 다 나쁜 사람들이라는 고정관념이 우리들 속에 도도히 흐르고 있기 때문입니다.

솔직히 일본인이라고 다 나쁜 사람들은 아닙니다. 그 일본인들의 각자 인격과 삶을 보면서, 각자를 향한 평가는 달리 내려져야 할 것입니다. 마찬가지입니다. 교회 내에서도 그 교인의 출신지역, 직업 그리고 교회봉사 유무를 보면서 일방적으로 평가하는 일이 종종 있는데 불행한 일인 것입니다. 다만 이제는 그런 잘못된 고정관념을 등 뒤로 던지고, 그의 삶과 믿음생활을 유심히 보면서 조심스럽게 판단해야 할 것입니다.

그러나 허물이 없는 교인이 어디 있겠습니까? 그러므로 아름다운 판단은 늘 그 사람의 '냄새는 덮어 주고, 향기는 들 추어내어 말하는 판단'이 아닐까 생각합니다. 그리하면 주기도할 때에도 지난날 보다는 부끄럽지 않을 것입니다.

"우리가 우리에게 죄지은 자를 사하여 준 것 같이, 우리 죄를 사하여 주옵시고"(마6:12).

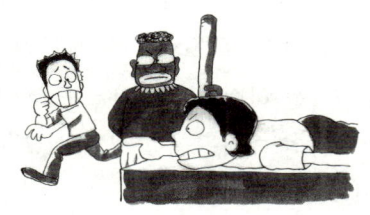

8
외과의사가 제일 수술하기 쉬운 사람은?

　　　　　　　　외과전문의 4명이 병원 근처에서 식사를 하시고 계셨습니다. 들으려고 한 것은 아니었으나, 바로 옆 식탁에서 식사를 하던 아저씨가 그들의 대화를 듣게 되었습니다. 의사들의 대화는 수술하기 쉬운 사람들에 대한 이야기였습니다.

 첫 번째 의사는 "내 경험으로는 도서관 직원들 수술이 제일 쉬운 것 같아. 그 사람들 뱃 속의 장기들은 어쩌면 그렇게 가나다 순으로 정렬되어 있는지 말이야!" 라고 말문을 열었습니다.

그러자 두 번째 의사가 식사를 계속하며 "나는 회계사가 제일 쉬운 것 같은데, 한번 회계사를 수술해 봤는데 그 환자의 내장에는 다 일렬번호가 적혀 있더라고. 정말 놀라운 일이었어!" 라고 말을 이어갔습니다.

그 때 세 번째 의사는 그 정도 가지고 놀라느냐는 투로 이렇게 자기 경험담을 이야기하였습니다. "난 말이야, 전기 기술자를 한번 수술해 보았는데, 놀라운 사실은 그 사람의 혈관이었어. 그의 혈관들은 다 색깔별로 구분되어 있더라고. 허허!"

그 세 의사 친구의 이야기를 다 듣고 있던 네 번째 의사는 정말로 수술하기 쉬운 사람이 있었다면서, 더 이상 쉬운 사람이 있다면 말해보라는 표정으로 이렇게 말하였다고 합니다. "친구들아, 내가 소개하는 이런 정치인보다 더 쉬운 수술 대상자 있다면 말해 봐. 그 환자는 골이 비어있었고, 뼈대도 없었고, 쓸개도 없었고, 내장도 없었고, 심지어 안면도 없었다니까 말이야!"

왜 이런 웃지못할 이야기까지 떠돌아 다니게 되었을까요? 솔직히 개인적으로 정치인들을 만나 대화를 깊이 해보면, 참 좋은 분들이 많이 계시는데 말입니다. 심지어 그 분들 중에 일부 집사님, 장로님 정치인들은 신앙고백 뿐 아니라, 삶이 저보다 더 고결한 것을 부인할 수 없는데 말입니다.

아마도 인식(perception)이 행동(behavior)을 낳고, 그 행동이 운명(destiny)을 결정짓고 만다는 통설이 적용되었기 때문이 아닌가 생각해 봅니다. 즉 대부분의 국민들 마음속에 정치인들을 향한 부정적인 인식이 그런 언행을 낳게 되었으며, 결국 그런 정치인들이 제일 수술하기 쉬운 사람들이라는 운명이 되고 말았다고 생각해 봅니다.

그럼에도 불구하고 우리 성도들은 그분들을 위하여 기도해야 할 것입니다. "우리 강한 자가 마땅히 연약한 자의 약점을 담당하고 자기를 기쁘게 하지 아니할 것이라"(롬 15:1)는 성경말씀이 정치인들의 좌우명과 삶의 나침반이 되기 위해서 말입니다.

그래서 우리들의 기도가 하나님께 상달되어 정치인들의 마음속에 강권적으로 하나님과 국민들을 두려워하고 사랑하게 되는 변화가 있을 때까지, 그들을 향한 기도 쉬는 죄를 범하지 않은 교회와 교인들이 되시기를 바라는 마음을 전합니다.

 우리들의 기도를 들으시는 하나님은 무엇이든지, 무슨 사람이든지 변화시킬 수 있는 전능하신 분이십니다.

9
기독운전자 10계명을 아십니까?

영국에 본부를 둔 '기독교인 안전운행협회'(CRSA)라는 단체가 있습니다.

이 협회는 전 세계적으로 약 1만 6천 여 명의 회원을 두고 있습니다. 이 협회에서 강조하는 것이 있습니다. 그것은 자동차란 단순히 한 지점에서 다른 지점으로 빠르게 이동하기 위한 수단만이 아니라는 것입니다.

다만 자신과 함께 동행 하는 사람에게 행복과 기쁨을 주며, 동시에 자신이 지나간 길과 지역에 아무도 울어야 할 일이 없기를 바라는 귀한 수단로서의 자동차가 되도록 하나님께 기도할 것을 권면하는 협회입니다.

 그런데 이 협회가 최근에 이런 십계명을 발표하여 눈길을 끌고 있습니다. 교회를 다니는 성도들이 지키면 유익할 십계명이라고 생각합니다.

 1계명 : 운전대에 앉으면 기도부터 하라!
 2계명 : 늦게 출발하였으면 늦게 도착하라!
 3계명 : 알코올은 냉각장치를 위한 것이지 운전자를 위한 것이 아니다!
 4계명 : 다른 사람이 차선 진입을 허락해 주면 손을 흔들어 고마움을 표시하라!
 5계명 : 뜻밖에 다른 차의 안전운행에 방해를 주었다면 손을 흔들어 사과하라!
 6계명 : 난폭 운전자는 당신보다 훨씬 앞서 갈 수 있도록 기꺼이 도와주어라!
 7계명 : 경찰이 감시하는 것이 즐겁고 부담 없는 광경이 되도록 운전하라!
 8계명 : 택시, 혹은 차체에 찌그러짐이 심한 차의 뒤를 바짝 좇지 말라!
 9계명 : 다른 차가 차선에 진입하고자 할 때에는 결코 속

패달을 밟지 말고 속도를 늦추어라!

  10계명 : 차에서 내리기 전에 반드시 하나님께 감사기도를 드려라!

몇 해 전 이야기입니다. 교인들과 성지순례를 하던 중, 시내산 새벽등반을 하기 전 어느 식당에 들어갔었습니다. 자리에 앉은 우리 일행을 향하여 다가온 그 식당 종업원은 밝게 웃으며 이렇게 말하였습니다. "빨리, 빨리?"

또한 아내와 함께 동양 산수화를 직접 보는듯한 진한 감동을 받았던 중국 장가계를 여행하던 중, 어느 식당에 들어갔었습니다. 그 때도 역시 우리 식탁으로 다가온 중국 종업원은 주저 없이 "빨리, 빨리!"를 말하며 차 주전자를 놓고 갔던 기억이 지금도 생생합니다.

그래서 점점 세계 공통어가 되어가고 있는 '빨리, 빨리'에 익숙한 우리들에게 그런 10계명이 구호에 불과할 수도 있을 것 같습니다. 그럼에도 불구하고 우리들에게 너무나 유익할 10계명이기에 "할 수 있거든이 무슨 말이냐 믿는 자에게는 능치 못함이 없으리라"는 예수님 말씀을 의지하고 단 몇 가지라도 실천해 보았으면 합니다. 특히 첫 번째 계명과 열 번째 계명만이라도 말입니다.

 중국인이 "빨리 빨리!"를 말할 때, 웃으며 "만만디!"로 답할 수 있는 사람도 역시 우리 한국인이기 때문에 가능하지 않겠습니까?

10
교주(敎主) 로또

제대로 숫자를 표시할 줄도 모르시는 달동네 할머님께서 로또 복권을 한 장 구입하였습니다. 제대로 병원 한번 못 가보고 죽은 외아들을 향한 한이 되살아났기 때문입니다. 물론 하루하루 사는 것이 너무나 힘들기도 했지만요.

추첨이 있은 다음 날, 이 할머님은 로또 판매소 아주머니에게 당선여부를 알고 싶어 자신의 복권을 내밀었습니다. "이 놈 좀 확인해 줘." 어르신 말씀에 그저 아무 생각 없이 확인해 보았는데, 이게 웬일입니까? 일등에 당첨된 것이 아닙니까?

물끄러미 아줌마를 쳐다보시는 할머님에게 일등 당첨 사실을 알려 주어야 하는데, 그 판매소 주인은 차마 말씀을 드릴 수 없었습니다. 왜냐구요? 일등 당첨소식을 전해 드리면 십중팔구 그 자리에서 까무러치거나 돌연사 하실 것 같은 염려 때문이었습니다. 그 순간, 주인아줌마에게 지혜가 떠올랐습니다. 그래서 할머님을 모시고 그 할머님께서 평소에 다니던 교회의 담임 목사님을 찾아갔습니다. 그리고 목사님에게 당첨 사실을 할머님에게 말씀드리도록 부탁을 드렸습니다.

　"권사님, 이제 제가 한 가지 말씀을 드릴게요. 그런데 깜짝 놀랄 사실이니 마음을 담대히 하시고 제 이야기를 들으셔야 합니다. 아셨죠?" "예, 목사님, 걱정 붙들어 매시고 말씀만 하시지요." "권사님이 로또 복권 일등에 당첨이 되셨어요! 축하드립니다. 할렐루야!" 그러나 그 권사님은 놀라기는커녕 빙그레 웃으시면서 이렇게 말씀하시더라는 것입니다.

　"그럴 줄 알았어요. 내가 하나님께 기도했거든요. 목사님, 제가 기도한대로 응답되었으니 기도한 내용대로 그 일등 당첨금 전부를 교회 건축을 위해 드리겠어요. 할렐루야!"

그 권사님의 말씀을 들은 목사님은 잠시 기뻐하는 표정을 머금으시더니, 갑자기 몽롱해지시면서 그만 그 자리에서 돌아가시고 말았다는 것입니다. 아니 할머님이 돌아가실 줄 알았는데 말입니다.

로또 발행 첫 해 2월에는 전 국민의 사분의 일 정도가 로또 복권을 구입하였다고 합니다. 물론 교인들 중에도 그것을 구입한 분도 계실 것입니다. 호기심으로 한 두 번 사 보는 것이야 어찌 정죄할 수 있겠습니까? 그러나 로또 및 각종 복권과 경마와 경륜 그리고 화투가 우리들의 구주 메시야가 될 수 있음을 인정해야 할 것입니다.

즉 예수님과 복음을 의지하는 삶이 아니라, 복권을 통하여 획기적 인생역전을 꿈꾸는 일에 집착하는 것은 거의 이단에 속하는 행위라고 말씀드릴 수 있습니다. 지금 로또라는 교주 밑에 수많은 광신자들이 만들어지고 있는 현실 속에서 믿는 성도들만큼은 성경으로 돌아가야 할 것입니다.

"게으른 자여 개미에게로 가서 그 하는 것을 보고 지혜를 얻으라 개미는 두령도 없고 간역자도 없고 주권자도 없으되 먹을 것을 여름동안에 예비하며 추수 때에 양식을 모으

느니라… 내 아들아 너는 듣고 지혜를 얻어 네 마음을 정로(正路)로 인도할지니라"(잠6:6-8, 24:19).

11
공짜를 조심하세요!

　　　　　　제2차 세계대전 직후의 일이라고 합니다. 이제는 여객기로 개조된 B29 항공기 엔진에 치명적인 결함이 생기고 말았습니다. 순간 기장은 승객들을 낙하산으로 탈출시켜야겠다는 결단을 내렸습니다. 그러나 문제가 생겼습니다. 다들 뛰어 내릴 용기를 내지 못하는 것이었습니다. 어쩌면 당연하지 않을까요? 성도님이라면 다락방에서 뛰어 내리듯 쉽게 결단하겠습니까?

　그러나 곧 비행기가 추락할 위기의 순간이 다가왔습니다. 그 때 부기장이 급히 뛰어 나가 독일 사람을 불렀습니다. 그리고 "이것은 히틀러의 명령이니 뛰어내리시오!" 라고 말했더니, "하이, 히틀러!!" 하면서 당장 뛰어내리더라는 것입니다. 그 광경을 보고 용기를 얻게 된 그 부기장은 다시 일본인 승객을 급히 불렀습니다. "천왕폐하의 하명이니 뛰어내리시오!" 그랬더니 부동자세로 "소우 데스까?" 라며 폴짝 뛰어내리더라는 것입니다.

그러자 이제는 그런 광경을 보면서 재미가 붙은 이 부기장이 프랑스 사람을 불러 이렇게 속삭였다는 것입니다. "먼저 뛰어내린 저 사람들의 낙하산을 보세요. 얼마나 환타스틱하며 아티스틱합니까? 승객님, 작품 한번 만들어 보시지 않겠습니까? 본능에 충실하세요. 자, 뛰어내리시오!" 라고 하였더니 두말없이 우아하게 뛰어내리더라는 것입니다. 그러자 미국인 승객은 부르지도 않았는데 부기장 앞으로 달려 나오더니 이렇게 말하면서 뛰어내리더라는 것입니다. "이미 이렇게 많은 승객들이 뛰어내렸으니 다수결의 원칙에 입각하여 나도 뛰어내리는 것이 당연하다고 판단됩니다. 갓 블래스 어메리카!"

그런데 마지막까지 남아 있던 승객이 있었습니다. 바로 한국 사람이었습니다. 한때 한국을 방문하여 한국 사람들과 교제를 해 본 경험이 있는 그 부기장은 빙그레 웃으면서 한국인 승객을 불렀습니다. 그리고 귓속말로 몇 마디를 속삭였습니다. 그랬더니 한국 사람이 "정말이에요?" 라고 밝게 웃으며 깡충 뛰어내렸다는 것입니다. 그 부기장이 무엇이라고 속삭였을까요? "오늘은 뛰어내리는데 돈 받지 않기로 했어요. 공짭니다. 오늘까지는 공짜라니까요!"

우리나라 사람들이 다 그럴 리 있겠습니까? 다만 그저 하는 이야기일 것입니다. 그러나 우리 신앙인들만이라도 너무 공짜를 좋아하지 말아야 할 것입니다.

어느 남쪽 도시에 집회를 인도하러 갔다가 들은 이야기입니다. 그 도시에 경마장이 생기면서 적지 않은 시민들이 동산, 부동산을 날려 버렸다는 것입니다. 그로 인한 가정파탄과 이혼 그리고 버려진 아이들의 문제도 적지 않다는 것이었습니다.

일확천금(一攫千金)을 노리는 것은 공짜를 사모하는 것과 다를 것이 없습니다. 정신적인, 육체적인 노동은 신성한 것입니다. 일하기 싫어하거든 먹지도 말라는 말씀은 하나님께서 바로 이 글을 읽고 있는 우리들에게 하시는 명령이십니다. 물론 이 시대 사람들이 '고생 끝에 병이 온다', 혹은

'젊어서 고생하면 늙어서 신경통 온다' 라는 말에 더 고개를 끄덕이지만 말입니다.

그러나 고생 끝에 낙이 찾아 올 것입니다. 또한 젊어서 고생하면 늙어서 낙이 찾아 올 것입니다. 왜냐하면 하나님은 뿌린 대로 거둘 것이라고 언약하셨기 때문입니다. 꿈이 아니라, 하나님의 말씀은 반드시 이루어 질 것입니다.

12
어둡기 전에 본향가게 하소서!

연세가 드신 어르신 교인들이 제일 무서워하시는 것이 있습니다. 그것은 바로 '치매'입니다. 왜냐하면 치매에 걸리게 되면 자신 뿐 아니라, 가족 전체가 참으로 감당하기 어려운 고통의 시기를 보내야 한다는 것을 익히 알고 있기 때문입니다.

그러나 치매의 극치에 이르게 되면, 그 때부터 너무나 행복한 삶을 사시기 시작하는 어르신들도 있다고 합니다. 왜냐하면 자신의 아내가 다른 여자로 보이기 시작하기 때문이랍니다. 물론 그분이 할머님이시거든, 자신의 남편이 다른 남자로 보이기 시작하면서 신혼 분위기로 돌아가기 때문이라고 하는데 글쎄... 진짜 그럴지는 모르겠습니다.

그런데 좀 욕심이 지나친 어느 할아버지께서 다른 아낙으로 보이기 시작한 여자가 60세가 넘어 보이기에, 좀더 젊은 여인이면 좋겠다는 마음으로 요술램프의 요정에게 이렇게 기도를 드렸다고 합니다. "요정님, 안녕하신지요? 이 늙은 것이 한 가지 요청을 드리고자 합니다. 저 여자 말입니다. 약 30년만 젊게 해 주시면 정말로 감사하겠습니다!" 라고 말입니다.

그러자 요정은 쾌히 그 할아버지의 요청을 들어 주었습니다. 그런데 할아버지께서 '펑!' 하는 소리와 함께 잠시 정신을 잃었다가 깨어보니, 그 할머니가 늙은 모습 그대로 있는 것이 아닙니까? 할아버지께서는 적지 않게 실망하셨습니다. 그러다 자신의 몸이 좀 이상하다는 생각이 들어 무심코 쳐다보았다가, 그만 기절하고 말았다는 것입니다. 왜냐하면 자신의 몸이 30년이나 더 늙어 버렸기 때문이었다는 것입니다.

사람들의 새로운 것을 추구하는 마음은 긍정적인 면에서는 더 새로운 것들을 발명하거나, 발견하는 계기가 되어 피차간에 유익을 주게 될 것입니다. 그러나 부정적인 면도 있습니다. 특히 부부관계에서는 말입니다. 물론 젊은 부부 뿐아니라, 늙으신 부부에게도 이런 부정적인 측면을 숨길 수 없을 것입니다. 그 이유인즉, 겨울에 하얀 눈으로 덮힌 오두막집에도 그 안에 있는 아궁이에서는 불이 여전히 타오르고 있기 때문입니다.

그런 이유에서 일까요? 요즘 우리나라에서도 황혼 이혼이 점점 급증하고 있다고 합니다. 특히 자식들을 다 결혼시킨 후에, 그런 이혼이 성행되고 있다고 합니다. 즉 치매 드실 나이가 아직은 아닐텐데 말입니다. 혹 요정에게 남몰래 빌고 싶은 무슨 내용이 있는지는 모르지만 말입니다.

그러므로 연세가 들수록 다음과 같은 시를 암송하는 것이 자신의 삶을 잘 관리하는데 유익할 것 같아 소개해 드리고자 합니다. 로버트 맥퀼킨 박사의 「어둡기 전에 본향가게 하소서!」라는 시의 일부분입니다.

    하지만 나는 두렵습니다.
    나는 무서운 마귀가 너무 빨리 올까봐,
    아니면 기대하는 것보다 너무 늦게 올까봐 두렵습니다.

그것은 내가 다 이루기 전에 마치는 것이며,
혹 잘하지도 못한 채 마치는 것입니다.

그것은 내가 당신의 명예를 훼손하는 것이며,
당신의 이름에 먹칠하는 것이며,
당신의 인자한 마음을 상하게 하는 것입니다.
어떤 이는 내게 잘했다고 말합니다만.....
주님, 나로 하여금 어둡기 전에 본향에 가게 하소서!

13
결혼은 미친 짓이다?

어느 교회에서 교육전도사님을 새롭게 모시고자 하였습니다. 그래서 담임목사님께서 지원하신 전도사님 네 분을 모시고 면접을 하였습니다. "전도사님들께서 폭풍우가 몰아치는 어느 여름날 밤, 시외를 운전하게 되었습니다. 무심코 앞을 바라보며 운전하고 있는데 그 앞에 버스 정류장이 있었습니다. 빗길이라 천천히 운전을 하면서 바라보니, 그 곳에서 3명이 버스를 기다리고 있는 것이었습니다.

너무나 몸이 아프신지 고통스러운 표정으로 쪼그리고 앉아 있는 할머님, 놀랍게도 자신이 죽을 위기에 있을 때 생명을 건져 주셨던 의사 선생님 그리고 늘 마음으로 기도하며 그리던 이상형의 여인이 서 있는 것이 아닙니까? 그런데 그 순간, 전도사님들께서 자신의 차에 단 한 명밖에 태울 수 없는 상황이 되었다면 그 세 사람 중에 어느 사람을 태우시겠습니까? 그리고 그를 선택한 이유를 간단한 글로 기록해 주시면 감사하겠습니다!" 라고 목사님께서 요청을 하였습니다.

죽어가는 할머님을 태워서 목숨을 구해 주는 것이 참된 도리라고 기록한 전도사님, 그리고 정말로 고마웠던 그 의사 분을 태워 드려서 원수는 물에 새기고 은혜는 돌에 새기는 삶을 실천하는 것이 마땅하다고 기록한 전도사님, 또한 알맞은 결혼 대상자를 만나는 것은 일평생 가정과 목회를 좌우하는 것이기 때문에 그것이 우선되어야 할 것을 기록한 전도사님은 결국 모두 최종 선발에서 제외되었습니다.

그리고 마지막 한 분의 전도사님이 결국 그 교회 전도사님으로 봉사하게 되었다고 합니다. 그 전도사님은 이렇게 기록하였다고 합니다. "그 상황에서 저는 의사 선생님에게 제 차의 열쇠를 드릴 것입니다. 그 의사께서 고통을 당하시는 할머님을 모시고 병원으로 가실 수 있도록 말입니다. 그리고 저는 그 만난 이상형의 자매와 함께 버스를 기다릴 것입니다."

 그렇습니다. 좋은 배필을 만난다는 것은 전도사님들 뿐 아니라, 모든 기독청년들의 간절한 기도제목이 되어야 합니다. 저는 사모님을 먼저 보낸 후, 자녀들을 위하여, 또한 결코 중단될 수 없는 선교사역을 위한 새로운 배필을 허락해 달라고 10일간 옷과 신발도 벗지 않고 금식기도하신 선교사님을 알고 있습니다. 그 선교사님에게 하나님께서 기도 중, 앞으로 결혼하게 될 한 여인의 얼굴을 보여 주셨는데, 결국 그 얼굴의 여자와 결혼하여 지금 선교사역을 잘 감당하고 있습니다.

 그 선교사님처럼 처절하게 기도하지 못한다 하더라도 자신, 혹은 자녀의 배필을 위하여 간구 기도하던 이삭, 혹은 아브라함과 같은 교인이 되는 것(창24:63-67)은 결코 쑥스러운 일이 아닙니다. 왜냐하면 결혼은 하나님께서 제정하시고, 예수님께서 동참하셔서 축복하신 거룩한 일이기 때문입니다.

 그런데 어느 토요일 오후, 결혼식장과 극장이 함께 있는

빌딩에 결혼주례를 하기 위하여 들어가려다가 발걸음을 멈추고 한참동안 멍하니 벽을 쳐다 볼 수밖에 없었습니다. 결혼식장 바로 옆 벽에 이런 영화광고 현수막이 붙어 있었기 때문입니다. '결혼은 미친 짓이다!' '그럼, 난 미친 짓을 앞장서서 선동하는 나쁜 사람이구먼!' 하는 생각과 함께 말입니다.

　결혼은 미친 짓이라고 생각하는 것이 미친 짓입니다. 결혼은 복된 일입니다. 기도로 준비하다가, 만복의 근원되시는 하나님을 모시고, 기도하던 그 이상형의 배필과 혼인예배를 드리는 축복을 받으시기를 중보기도 드립니다.

14
지붕 위에서 떨어진 이유

유대인들이 즐겨 읽는 탈무드 속에 있는 이야기입니다.

장래가 촉망되는 유능한 신학생이 중매로 약혼한 후에, 드디어 날을 잡아 결혼을 하였습니다. 그러나 기다리던 결혼을 한 신학생의 얼굴에는 기쁨보다는 근심의 그림자가 짙게 드리워져 있었습니다.

친구들은 혹 무슨 특별한 걱정거리라도 있는가 하여, "아니, 무슨 속상한 일이라도 있어?" 라고 물어보았더니, 엉뚱한 고민을 털어 놓는 것이 아닙니까? "있지, 그것은 내가 아내와 함께 오늘밤을 어떻게 보내야 하는지 정말 모르겠거든."

그 말을 듣던 친구들 중에 재치가 많은 한 친구가 이렇게 조언을 해 주었습니다. "이 친구, 별난 걱정을 하고 있네. 저 지붕 위에 있는 비둘기 한 쌍을 보라구. 두 마리가 사랑을 나누고 있잖아. 또 이 쪽 지붕 위에도 고양이 한 쌍이 사랑에 빠져 있지 않나. 자네도 저렇게 하면 되는 거야. 알았지?"

이제는 확실한 해답을 얻었다고 기뻐 좋아하며 결혼식장을 떠났던 그 신학생이 며칠 만에 신학교에 나타났는데, 얼굴이 예상보다 너무나 어두워 친구들이 웬일인가 물어보았더니 이렇게 대답하더라는 것입니다. "신혼 첫날밤에 우리 아내가 지붕 위에서 떨어져 크게 다쳐 입원 중에 있거든…"

또 탈무드를 보면 이런 이야기가 있습니다. 어느 날 아들이 아버지에게 질문을 드렸다고 합니다.

"아빠, 나는 어떻게 태어났나요?" "응, 너는 황새라는 녀석이 업어 왔지."

"그럼, 아빠는 어떻게 태어나셨나요?" "응, 나도 황새가 업어 왔어."
"그러면 할아버지 그리고 그 위의 할아버지도 모두 황새가 업어 왔겠네요?"
"그럼, 네가 생각하고 있는 대로야. 참 잘 아는구나!"

다음 날 학교에서 작문시간이 있었습니다. 그 시간에 아들은 이렇게 작문을 하였다고 합니다. "아빠의 말씀에 따르면 우리 집안은 고조 할아버지 때부터 지금까지 일체의 성행위가 없었던 훌륭한 가정입니다."

물론 각종 정보의 홍수시대인 현대에는 그런 젊은이들이 있지는 않을 것입니다. 그럼에도 불구하고 신앙 안에서 혼인예배로 결혼생활을 시작하고자 하는 예비신랑과 예비신부들은 교회에서 준비한 '결혼예비학교'에 참석하거나, 신앙적 결혼관을 알려주는 경건서적 한권 정도 읽어야 하는 것이 선택과목이 되어서는 안 될 것입니다. 필수과목이 되어야 합니다. 그 이유는 그들이 만들어 가야 할 가정의 영적호주는 내가 아니요, 질서의 하나님이시기 때문입니다.

결혼 전 청년 이삭은 자신의 아내가 될 사람이 결정되었을 때, 쉽게 흥분하지 않고 절제와 질서 안에서 결혼식을 준비하였습니다. "이삭이 저물 때에 들에 나가 묵상하다가 눈을 들어 보매 약대들이 오더라 리브가가 눈을 들어 이삭을 바라보고 약대에서 내려 종에게 말하되 들에서 배회하다가 우리에게로 마주 오는 자가 누구뇨 종이 가로되 이는 내 주인이니이다 리브가가 면박을 취하여 스스로 가리우더라 종이 그 행한 일을 다 이삭에게 고하매 이삭이 리브가를 인도하여 모친 사라의 장막으로 들이고 그를 취하여 아내를 삼고 사랑하였으니 이삭이 모친 상사 후에 위로를 얻었더라"(창24:63-67).

제2부

믿음, 그 성장을 위하여

1
'내가복음'과 '주님의 복음'

어느 무명 성도의 기도 내용입니다.

주님,
저는 주님에게 힘, 건강, 부귀, 명예, 행복을
구하였으나
주님은 제게 예수님의 뜻 안에서
나약함, 병들어 고생하는 것, 가난, 비천, 불행을
주셨습니다.

비록 제가 주님께 기도한 것은 한 가지도 받지
못하였으나

주님이 바라시던 그 모든 것을 주셨으니
참으로 저는 많은 사람들 중에
가장 복을 많이 받은 사람입니다.

 참된 기도 응답은 어떤 것일까요? 내가 기도한 내용대로 다 응답받는 것일까요? 아니면 내 뜻이 예수님의 뜻 안에 들어가는 것일까요?

 기독교인의 참된 행복은 무엇일까요? 모든 사람들이 부러워 할만한 조건을 갖추는 것일까요? 아니면 주님과 동행할 때 받는 복일까요?

 참된 복음은 어떤 것일까요? 내 뜻대로 되는 '내가복음'일까요? 혹은 자기 욕심대로 이루어지는 '지가복음'일까요? 아니면 '주님의 복음'일까요?

 주님이 십자가에서 돌아가신 것은 우리들에게 하나님 중심, 타인 중심의 삶을 행동으로 보여 주신 것입니다. 첫째 아담이 자기 중심적인 삶을 살다가 죄와 죽음을 이 땅에 들어오게 하였다면, 둘째 아담 예수님은 타인 중심의 삶으로 인하여 우리들에게 구원의 길을 열어 주셨습니다.

물론 비기독교인이 타인 중심으로 선을 행한다 해도, 그것은 결코 주님을 닮아가는 것이 아닐 것입니다. 왜냐하면 기독교인의 타인 중심의 삶은 불신자들과 달리 하나님 중심적인 신앙에서 출발하기 때문입니다.

 그러므로 이제는 내가 기도한대로 이루어지지 않았다고 장탄식하는 자리에서 벌떡 일어나야 합니다. 그리고 기도한 내용대로의 현실이 눈앞에 나타나지 않았어도 여전히 주님께서 자신을 통하여 하실 일을 준비하고 진행하고 계심으로 인하여 감사하셔야 합니다. 그럴 때 내 곁에 나의 도움이 필요한 그 어느 사람이 보이게 될 것입니다. 그리고 나도 아직은 주님이 동행하시며 쓰시기를 원하는 쓸만한 사람인 것을 알게 될 것입니다.

2
스트레스 해소법

　　　　　　　동창회에서 만난 여자들이 수다를 늘어 놓고 있었습니다.

그러다가 자기 남편들의 술버릇을 화제로 삼기 시작하였습니다. "야, 우리 그인 말이야, 한번 마셨다 하면 맥주 한 박스가 기본이란 말이야!" "에게, 겨우 그 정도 가지고 뭘... 우리 집 그인 말이야, 한번 앉았다 하면 소주 한 박스는 가볍게 처리하는데 뭘... 더 놀라운 것은 그렇게 마셔도 화장실 한번 안 가는 것이 신기하기도 하지. 그렇지?"

자기 남편들의 폭주를 무슨 무술대회에서 신기에 가까운

무술을 하는 것처럼 침을 튀기며 이야기를 하는 동창들을 바라보던 곁에 있던 다른 동창이 가소롭다는 듯이 손을 내저으면서 이렇게 말하였습니다. "뭐 그 정도가지고 호들갑을 떨고 있니? 말 말아. 우리 그인 말이야, 이제 마시고 싶어도 마시지 못하게 되었어!" "어머, 무슨 특별한 일이라도 있는 거야?" "응, 원 없이 멋지게 마시다가 지난달에 간암으로 세상을 떠났지 뭐야!"

한국의 음주문화는 폭탄주, 고성방가, 난동 그리고 뒤탈이 나는 것으로 그 특징을 설명할 수 있을 것입니다. 이름만 들어도 무서운 폭탄주에 강제로 돌아가는 술잔 그리고 자신의 주량과는 전혀 상관없이 부어 마셔대야 하는 과음으로 인한 피해는 결국 몸과 마음 또한 삶의 수레바퀴를 불사르고 마는 것입니다.

특히 이런 술 문화를 거부할 수도 없고, 그렇다고 순응하기도 어려운 우리 기독교인들의 애환과 고통이 거의 극에 달하고 있는 사회의 흐름입니다. 왜냐하면 2001년 삼성서울병원이 직장인 1624명을 대상으로 한 설문조사 결과, 응답자의 57%가 정신을 잃을 정도로 술을 마신 경험이 있으며, 87.1%가 일주일에 적어도 한 차례 이상 술을 자의 반

타의 반으로 마셨다고 응답하였기 때문입니다.

이는 우리 어른들 뿐 아닙니다. 그렇게 새벽에 일어나서 늦은 밤까지 죽어라 공부하여 들어간 우리 자녀들의 대학교는 더욱 술 문화의 심각성을 보여주고 있습니다. 학과 선배들의 개인의 사정과 주량을 묻지 않고 억지로 그리고 끝까지 마시게 하는 '바가지 술' 신고식은 우리들의 자녀들을 비틀거리면서 대학생활을 시작하게 만들고 있습니다.

이런 폭주문화는 술자리를 그동안 받았던 각종 스트레스 해소의 장으로 여기는데 주된 원인이 있음을 부인할 수 없습니다. 그러나 이제는 엄청난 스트레스를 받으며 고향으로 돌아가던 야곱의 스트레스 해소법을 최소한 우리 성도들은 눈여겨보며 본받아야 할 것입니다.

"내가 주께 간구하오니 내 형의 손에서 에서의 손에서 나를 건져 내시옵소서 내가 그를 두려워하옴은 그가 와서 나와 내 처자들을 칠까 겁냄이니이다"(창32:11).

"야곱은 홀로 남았더니 어떤 사람이 날이 새도록 야곱과 씨름을 하다가... 그 사람이 가로되 날이 새려 하니 나로 가게 하라 야곱이 가로되 당신이 내게 축복하지 아니하면 가게 하지 아니하겠나이다"(창 32:24, 26).

죽음의 그림자를 뚜렷하게 볼 정도의 스트레스를 받았던 야곱이었으나, 그것을 기도제목으로 삼아 간이 절일 정도로 간절히 기도하는 야곱을 하나님은 버리지 않으셨습니다. 그리고 그에게 드디어 기도응답을 허락해 주셨습니다. 그것은 기도로 자신이 변하자, 상대방이 변하고 결국 환경이 변하는 응답이었습니다. 물론 그 결과 자신을 억누르던 각종 스트레스도 물러가게 되었습니다.

그런 은총은 기도의 고삐를 다시 잡으므로 받을 수 있는 것입니다.

3
펭귄표 아주머니

나이 50이 넘어간 여자들에 대한 웃지 못할 이야기가 있습니다.

여자 나이 50대면 이제는 예쁘나 미우나 마찬가지랍니다.
여자 나이 60대면 배우나 못 배우나 마찬가지랍니다.
여자 나이 70대면 남편 있으나 없으나 마찬가지랍니다.
그렇습니까?

여자 나이 80대면 돈이 있으나 없으나 별 차이가 없다고 합니다.
여자 나이 90대면 살아 있으나 죽으나 별 차이가 없다고 합니다.

 좀 슬픈 이야기입니다. 생각건대 나이 30이 되도록 나이를 먹고 있다는 생각을 심각하게 한 적은 거의 없었을 것입니다. 그러나 40이 되어가자 나이가 여자들에게 갑자기 이야기를 하자고 하였습니다. 그리고 나이 50이 힘겹게 넘어가면서 여자의 몸이 자주 말을 하고 싶다고 하더니, 드디어 이제는 예쁘나 미우나 그저 그런 나이의 여자가 되고 말았습니다.

 그래서 긴 윗옷이나 헐렁한 옷으로 블록 나온 배를 기교 있게 감추어도 펭귄표 나이가 된 자신을 속일 수 없어 씁쓸하게 웃음을 터트려 봅니다. 왜냐하면 어느 날 그 누구에게 들었던 말, "목욕탕에서 젊은이들은 어깨에 힘을 주지만 아저씨, 아주머니들은 배에 힘을 준다"는 이야기가 문득 생각났기 때문입니다.

 물론 산다는 것은 늙어간다는 말과 같은 이야기입니다. 그리고 늙어가는 여자들이 펭귄표 아주머니가 된 것을 한탄하는 동안, 장년의 남자들에게는 그 나이가 더 이상 인생의 훈장이 아니요, 족쇄가 되고 만 세상이 되고 말았습니다.

그래서 어느 날 매일 뉴스화면에 나오는 정치인들을 제외하고는 3, 40대 남자들이 활개를 치는 사회가 되고 말았습니다.

그럼에도 불구하고 해 놓은 것 없이 나이만 먹었다고 탄식할 필요는 없습니다. 또한 10초만 참아도 되었을 일에 대하여 급히 분노를 발하거나 무절제한 비판을 할 필요도 없습니다. 그 까닭은 아직 자신이 살아있기 때문입니다. 그리고 살아있다는 것은 하나님께서 자신을 통하여 이루시고자 하는 일이 남아있다는 증거이기 때문입니다. 즉 그 분을 위하여 이루어 드려야 할 사명이 아직 남아있기 때문입니다. 자신의 나이에 알맞은 그리고 그 나이이기에 꼭 감당해야 할 사명이 있기 때문입니다.

그래서 우리교회 합심 기도자 3기 수료식의 수료자들 중, 시무권사님들이 거의 절반을 차지함을 보면서 하나님께 감사를 드렸습니다. 동시에 드디어 자신의 나이에 맞는 사명을 확인하신 그 분들에게 아낌없는 박수를 보내드렸습니다. 물론 새벽과 금요심야기도회를 지키시는 은퇴권사님들에게는 더 큰 환호성을 드립니다.

성경은 이렇게 말씀하시고 있습니다. "또 아셀 지파 바누엘의 딸 안나라 하는 선지자가 있어 나이 매우 늙었더라 그가 출가한 후 일곱 해 동안 남편과 함께 살다가 과부된 지 팔십 사년이라 이 사람이 성전을 떠나지 아니하고 주야에 금식하며 기도함으로 섬기더니 마침 이 때에 나아와서 하나님께 감사하고 예루살렘의 구속됨을 바라는 모든 사람에게 이 아기에 대하여 말하니라"(눅2:36-38).

4
혹 '성경 운반책 교인'은 아니신지요?

🌿

처음으로 찾아간 식당의 화장실 찾기가 그리 쉽지 않고, 대형 백화점 5층에 올라갔다가 내려오는 에스컬레이터 찾기가 참으로 어렵듯이, 교회에 처음 오신 새가족들에게 성경 찾기란 정말로 보물찾기만큼이나 어렵습니다.

물론 성경구절 찾기란 오래 믿은 분들도 정도의 차이일 뿐, 당황할 때가 적지 않음을 부인할 수 없습니다. 어느 교회에서 주일예배 성경봉독 시간에 인도하시는 목사님께서 "다같이 미가서를 찾으시기 바랍니다!" 라고 말씀하셨다고 합니다.

그러나 구약성경 목록조차 제대로 모르고 계신 이 교인은 당황하기 시작하였습니다. 그래서 이 곳, 저 곳을 열심히 뒤적거리더니 옆에 앉아 있는 아내에게 이렇게 투덜거렸다는 것입니다. "우리 목사님이 이북 출신인줄 알지만, 아직도 이북 사투리가 저렇게 심해 큰일이야. 아니 '마가'를 어떻게 '미가'로 발음할 수 있단 말이야!"

또한 대심방을 받는 어느 교인이 있었다고 합니다. 찬송이 끝나고 "이 가정에 하나님께서 주시는 말씀을 대언하겠습니다. 빌레몬서……" 평소에 들어보지 못한 성경목록이었습니다. 역시 이리 저리 뒤적거리다가 그 교인이 목사님께 이런 말씀을 드렸다는 것입니다. "목사님, 요새 무슨 '톰슨 성경', '큐에이 성경', '큰 성경', '주제별 성경' 등이 나오더니 이번에는 '빌레몬서'가 추가된 성경이 나온 모양이지요? 성경 종류가 이렇게 많아서야, 참!"

정말 '허 ~참!'입니다. 이제라도 성경을 교회에서 가정으로 운반하는 운반책에서 벗어나야 합니다. 무슨 조직이든지 운반책 사람들의 결국이 그리 은혜롭지 않기 때문입니다. 어느 학교든지 그 학교를 다니는 학생들에게는 교과서가 있는 법입니다. 마찬가지로 하나님의 교회의 교과서는 성경책입니다.

 만일 어느 학생이 가방에 든 교과서를 읽지 않고, 집에서 학교까지 운반만 한다면 그 학생의 시험성적 및 진학은 불보듯 뻔한 것이 아니겠습니까? 물론 각 사람이 태어날 때부터 생겨진 자신의 얼굴은 결코 그 사람의 책임이 아닙니다. 그러나 얼굴 표정은 자신의 책임일 수 있습니다.

 마찬가지로 만일 성경을 살 돈이 없어서 성경을 읽을 수 없다면, 그 사람의 책임이 아닐 것입니다. 그러나 집안에 성경이 4, 5권이나 있는데 그 말씀을 통하여 하나님의 위로와 권면의 음성을 듣겠다는 선한 욕심이 없다면, 그 분의 믿음의 성장여부와 받을 축복의 양과 질의 차이는 그 사람 책임일 수밖에 없을 것입니다.

 학교 다니는 학생에게 교과서를 읽고 공부하는 것은 선택사항이 아닙니다. 필수사항입니다. 교회 다니는 교인들이 성경을 읽고, 연구하는 경건도 마찬가지입니다. 그러나 당연한 것을 하찮게 여기게 만드는 것이 사탄의 역사입니다. 왜냐하면 가랑비로도 결국 옷을 흠뻑 젖게 할 수 있음을 그 녀석은 알고 있기 때문입니다.

젊은이들은 인터넷 하는 시간의 오분의 일만이라도, 연세 드신 분들은 신문 읽는 시간의 오분의 일만이라도 성경 읽는 경건이 있으시길 원합니다. 우리가, 하나님은 그 마음의 소원을 주시는 분이시요, 그 입술의 구함을 거절치 않으시는 분이심을 깨닫게 될 것입니다(시21:2).

5
좋은 습관은 기적을 낳습니다

🌱

　　　　　　독일의 작가였던 '에리히 케스트너'가 어느 날 몇 명의 친구들과 여행을 떠나게 되었습니다. 그의 친구들 중에는 '에른스트 펜츠올트'라는 사람이 있었는데, 그는 심한 불면증으로 고생하던 친구였습니다.

 에른스트는 늦은 밤까지 친한 친구들과 기차 안에서의 대화가 정겨웠고 즐거웠으나, 그 날 따라 몰려오는 피곤 때문에 대화하던 중, 그만 잠이 들고 말았습니다. 그런데 한 10분쯤 지났을까요? 그는 갑자기 몽유병 환자처럼 일어나더니, 자기 주머니에서 약통을 꺼내는 것이 아닙니까? 그리고 "정말 큰일날 뻔 했네. 수면제를 먹지도 않고 잘 뻔 했잖아?" 라며 중얼거리며 수면제를 먹더니 다시 잠들고 말았다는 것입니다.

이와 같이 습관이라는 것은 참으로 대단한 것 같습니다. 그래서 이런 말도 있습니다. 조직폭력배들이 습관적으로 먹는 과자가 있으니 그것은 '조리퐁'이며, 깡패들이 습관적으로 즐기는 스낵은 '새우깡'이라고 하는 말입니다. 물론 웃자고 하는 말이겠지요.

습관 중에 우리 기독교인들에게 가장 좋은 습관이 있다면 그것은 바로 성경읽기일 것입니다. 우리 교회 어느 권사님 이야기입니다. 참으로 구백 리 애환과 애증의 삶을 오직 하나님 믿는 신앙으로 이겨내 오신 어르신의 이야기입니다. 그 분에게 유일한 희망과 버팀목이 있었다면, 그것은 위로의 하나님께서 늘 말씀해 주시는 성경이었습니다.

그러나 세월의 모진 풍파의 여파는 그 권사님의 눈에까지 찾아왔습니다. 녹내장으로 인하여 보통 글씨로 된 성경을 읽기 어려워졌습니다. 의사 선생님 뿐 아니라, 본인이 판단해 보더라도 더 이상 성경을 읽는다는 것은 버거운 일이 된 것입니다. 그럼에도 불구하고 그 권사님은 계속 성경을 더듬거리면서라도 읽었습니다.

 그것은 거룩한 습관이었으며, 동시에 그 안에서 얻는 평강은 세상 그 무엇과도 바꿀 수 없는 보배였기 때문이었습니다. "이렇게 읽다가 더 이상 성경을 볼 수 없다면, 그 때에는 천국으로 가면 되지..." 라면서 말입니다.

 그런데 놀라운 일이 일어났습니다. 이는 마치 어느 칠십이 훨씬 넘으신 어르신께서 뇌수술을 받으신 후에 기억력이 더 좋아지셨다는 이야기와 같은 일이었습니다. 그 권사님의 시력이 몰라보게 좋아진 것입니다. 흐릿하면서도 몇 겹으로 보이던 성경구절들이 너무나 또렷하게 보이기 시작한 것이었습니다. 그 순간의 기쁨을 그 권사님 외에 누가 감히 알 수 있겠습니까?

 그런데 그런 권사님의 변화된 사정을 알지 못하던 어느 교인이, 그 권사님을 위하여 마치 강대상용 성경과 같은 엄청난 크기의 성경을 선물로 주셨습니다. 성경보다 더 이상 큰 성경은 아직 제가 보지 못하였습니다. 그러나 그런 큰 활자성경이 더 이상 필요 없으신 그 권사님께서는 선물로 받은 성경을 교회로 가져 오셨습니다.

"혹, 이 큰 활자성경을 읽어야 할 어르신이 계신다면 그분께 선물로 드렸으면 좋겠어요!" 라고 말씀하시면서 말입니다.

좋은 습관은 기적을 낳습니다.

6
만져 터트리지 마세요!

　　　　　　저는 계절이 바뀌면 가끔 아내와 함께 옷을 사러 갑니다. 물론 가뭄에 콩 나듯 교인께서 백화점 상품권을 선물로 주시는 때를 제외하고는 재래시장이나 지하상가 혹은 할인매장을 주로 찾습니다. 때론 아내가 옷값 때문에 부담스러워 하면, 저 혼자 가서 몇 가지의 옷을 사 오기도 합니다.

　혹 이제 담임목사가 되어 여유가 생겨서 그렇게 할 것이라고 생각하시는 교인들도 계실 것입니다. 그러나 약 27년 전, 사례비 사만 오천 원을 받던 초년 교육전도사 시절에도 예상치 않았던 돈이 생기면 티셔츠 한 장이라도 사들고 들어갔었습니다. 세상에 어느 교역자 사모님이 스스로 자신의 옷을 붕어빵 사듯이 쉽게 구입할 수 있겠습니까? 남편이 먼저 생각해 주어야 하지 않을까요?

그런데 저 혼자 갈 때에는 5분이면 옷 고르는 것을 끝낼 수 있습니다. 그러나 아내와 함께 가면 마치 바람난 무엇처럼 이 가게, 저 가게 그리고 이 옷, 저 옷을 주물럭거리는데 이거 시간이 만만치 않습니다. 정말 성령의 열매 중 오래 참음의 은사를 사모한 후 같이 가야 할 형편입니다.

아마 정도의 차이일 뿐, 대부분의 여성들은 거의 일반적일 것입니다. 그래서 혹 그런 일이 전도에 방해가 되며, 하나님과 교회의 영광을 가릴 수도 있습니다. 특히 여성도들이 동네 가게에서 과일을 살 때 더욱 그리합니다. 즉 복숭아 또는 포도를 구입할 때 그 과일을 만져보고, 뒤집어 보고, 심지어 눌러 보다가 다 터트리는 여성도들이 계시는데, 혹 성도님은 어떠신지요?

그래도 그런 여성도는 나은 편입니다. 맛이나 당도가 어떤지 한번 시식할 수 있냐고 하며 먹어보기까지 한 후에, "제 철이 아니라 맛이 영 아니네!" 혹은 "위에 있는 것은 쓸만한데 보이지 않는 아래쪽 것은 안 봐도 알만하네!", "한번 옆 집 과일가게를 둘러 보고 마음에 감동이 되면 다시 올게요, 아줌마!"라며 유유히 퇴장하는 여성도님은 혹 안 계시는지요? '감동?' 그 말은 그럴 때 쓰는 것이 아니라, 성령님의 감동을 사모할 때 쓰는 용어인데 말입니다.

그렇게 다 뒤집어 놓고, 그래도 사가면 평판이 나쁘지 않을 것입니다. 결국 사지도 않으며 또 다시 그 가게에 오지 않을 것인데 그 난리를 피우고 훌쩍 가버리면 장사하는 분들이 무엇이라고 말할까요? "저 여편네, 그 어느 교회 권사 잖아? 권사는 무슨 권사야, 똥싸지..." 혹은 "저 젊은 것 말이야, 그 교회 집사 맞지? 자기 집은 샀는지 몰라도 못된 것이구먼!"이라며 투덜거릴 것입니다.

물론 소비자의 마땅한 권리를 이야기한다면 할말은 없습니다. 그러나 우리들은 성도입니다. 성도는 구별된 무리입니다. 그러므로 우리들은 계산으로 살아가는 사람들이 아니요, 손해 보며 살아가는 사람들입니다. 즉 복음 전파와 하나님 그리고 교회의 영광을 위하여 손해 보기로 작정한 사람들이라는 말입니다.

할 수 있거든 이제부터라도 과일만이라도 만지작거렸으면 구입하는 교인들이 되어야 합니다. 또한 우리들은 몇 개 더 달라고 아우성거리며 싸워서는 안 될 사람들입니다. 도리어 상한 것, 썩은 과일을 골라 집어넣을 줄 아는 사람들입니다. 그리하면 우리들이 왜 그렇게 골라 담고 있는지 그 불신가게 주인이 알게 될 것입니다. 그리고 때가 되면 그 과일가게 주인이 교회의 좋은 소문 듣고 왔다가 소문내러 가는 새신자로 변화되는 것을 보게 될 것입니다.

7
같이 가, 처녀!

어느 교회의 60이 훨씬 넘으신 권사님 이야기입니다.

그 권사님께서 여전도회 헌신예배 순서를 맡았기에 특별히 화장도 하시고, 한복을 곱게 차려 입으시고 집을 나섰습니다. 교회 버스를 타기 위해 골목길을 빠져 나가고 있는데, 뒤에서 어느 남자의 이런 목소리가 들리는 것이 아닙니까?

"같이 가, 처녀!" 라고 말입니다. '아니, 나를 처녀로 보는 사람이 있단 말인가?' 놀랍기도 하고, 솔직히 기쁘기도 하였습니다. 왜냐하면 오늘 특별한 화장과 옷을 정성으로 준비하면서, 먼 옛날 처녀 때 맞선 보러 나갔던 일이 생각났기 때문이었습니다.

그런데 다시 한번 그 기분 좋은 목소리가 들렸습니다. "같이 가, 처녀!" 교회 버스 정류장으로 가던 이 권사님은 그런 소리는 몇 번을 더 들어도 전혀 싫증이 나지 않을 것 같았습니다. 그런데 '자기를 처녀로 보는 뒤에 계신 그 남자는 누구일까? 또 왜 같이 가자고 하시는 것일까?' 하는 궁금증에 정말로 뒤를 돌아보고 싶었습니다.

그런데 처녀 때 수줍음이 다시 고개를 들면서 용기가 나지 않았습니다. 그 순간 다시 들려오는 소리, "같이 가, 처녀!" 그 때, 권사님은 용기를 내어 과감히 뒤를 돌아보았습니다. 그런데 그 뒤에는 리어카를 끌고 자기 뒤를 따라 오는 행상인이 있는 것이 아닙니까? 그는 계속 소리를 쳤습니다. 그리고 권사님은 크게 실망하여 그만 땅에 풀썩 주저앉고 말 뻔 하였다고 합니다.

그 남자는 갈치 장사하는 분이었습니다. 그래서 "갈치가 천원! 갈치가 천원……!" 이렇게 외쳤던 것이었습니다. 그런데 '갈치가 천원'을, '같이 가 처녀'로 그 권사님이 들으셨던 것입니다. 그렇게 들을 수밖에 없는 분들이 바로 여성들이 아닐까 생각해 봅니다. 즉 나이와 상관없이 많은 사람들에게 크게 변함없는 젊음과 미를 보여 주고 싶은 마음은 모든 여성의 한결같은 마음일 것입니다.

그러나 성경은 현숙한 여인상을 이렇게 말씀하고 있습니다. "누가 현숙한 여인을 찾아 얻겠느냐 그 값은 진주보다 더하니라... 고운 것도 거짓되고 아름다운 것도 헛되나 오직 여호와를 경외하는 여자는 칭찬을 받을 것이라 그 손의 열매가 그에게로 돌아 갈 것이요 그 행한 일을 인하여 성문에서 칭찬을 받으리라"(잠31:10, 30-31).

여호와를 경외한다는 말씀은 하나님을 두려워하면서 동시에 사랑하는 경건을 이야기하는 것입니다. 만일 하나님을 두려워하기만 하고 사랑하지 않는 여성도는 늘 노예적인 근성으로 신앙생활을 하게 될 것입니다. 그리고 그 영향이 나머지 가족들에게 부정적으로 임하게 될 것입니다.

동시에 하나님을 사랑하지만은 두려워하지 않는 여성도는 마치 손녀가 할아버지 수염을 붙잡고 놀듯이 경망스러운 신앙생활을 할 가능성이 있습니다. 그래서 모든 가족들에게 하나님을 향한 불경죄를 쉽게 범하는데 방치자가 될 수 있을 것입니다.

여성의 미는 그 나이에 알맞아야 아름다운 것입니다. 그리고 하나님을 두려워하고 사랑하는 일에 정성과 관심을 기울이면, 그 가정에 복의 근원이 되는 복덩어리 아내, 혹은 어머니가 될 수 있을 것입니다.

8
개 같은 사람

저와 친한 목사님이 계십니다. 그 목사님과 함께 어느 외국에서 열린 집회에 강사로 갔었습니다. 마지막 날 공항으로 가는 버스 안에는 약 20여명의 일행이 타고 있었는데, 안내하던 분이 차례로 노래를 부르게 하였습니다.

그 친구 목사는 성악을 전공하였기에 너무나도 아름다운 목소리로 노래를 불렀습니다. 어느 덧 제 차례가 되었는데 문득 그 친구와 함께 이중창을 하고 싶었습니다. 그래서 이렇게 말하였지요.

"제가 저 친구 목사님보다 노래를 못 부르면 여러분들이 개보다도 못한 사람이라고 할 것 같고, 저 친구보다 노래를 더 잘 부르면 개보다 더한 사람이라고 할 것 같고, 만일 저 친구 목사만큼 노래를 부르면 저를 개 같은 사람이라고 말할 것 같아 저 친구와 이중창을 하고 싶습니다!"

물론 버스 안에 있는 일행들의 웃음소리와, 그 친구 목사의 너털웃음 속에 우리 이중창은 시작되었습니다. "저 멀리 뵈는 나의 시온성....." 그의 우렁차고 기름기 흐르는 목소리에 나의 소리도 마냥 즐겨하며, 동시에 기뻐하고 있었습니다. 왜 그런 것 있지 않습니까? 찬양대 테너 파트에 성악을 전공한 분이 계시면, 그 분이 곁에서 찬양을 불러만 주어도 내 목소리에 힘이 들어가며 잘 부르게 되는 것 말입니다.

그 무엇이든지 다른 이들보다 하나님께서 주신 좋은 것, 자랑할 만한 것을 받은 분이 계십니까? 나누는 삶을 살라고 그런 재능과 은사를 주셨음을 기억하고 계시는지요? 나누겠다고 기도만 하고 실천을 하지 않으신다면, 아마도 하나님께서도 그 기도만 들으시고 행동하시지는 않으실 것 같다는 생각이 듭니다.

지금 옛날 중·고등부 시절에 율동과 함께 배웠던 복음송이 생각납니다. "사랑은 참으로 버리는 것 버리는 것 버리는 것 사랑은 참으로 버리는 것 더 가지지 않는 것 이상하다 동전 한 잎 움켜잡으면 없어지고 쓰고 빌려주면 풍성해져 땅에 가득하네 사랑은 참으로 버리는 것(섬기는 것, 베푸는 것) 더 가지지 않는 것."

첫째 아담은 철저히 자아중심의 삶을 살았습니다. 그러나 둘째 아담이셨던 예수님은 하나님의 아들이라는 영광스런 자리를 가지고, 자원하여 죄악 되고 지옥가기 마땅한 인간들을 위하여 사셨습니다. 그 증거가 성육신이요, 십자가에 죽으심이요, 무덤 속에 들어가심이었습니다.

그러나 그분의 자신을 버리면서까지 실천하였던 주는 사랑은 결국 부활과 승천 그리고 하나님 보좌 우편에 앉게 되는 궁극적 승리의 원천이 되었음을 우리는 기억하고 본받아야 할 것입니다. 그래서 그런지 하나님께서 그 내 친구 목사님을 더 크게, 훌륭하게 사용하시고 계십니다.

9
죽여라, 죽여~어!

프로축구 경기장에서 생긴 일입니다.

축구시합이 시작되었습니다. 그런데 경기가 시작되자마자, 발을 동동 구르며 심판을 향하여 손가락질을 하면서 고래고래 소리를 치는 아주머니가 계셨습니다. "저 심판 녀석을 죽여라! 죽여~어! 저 나쁜 녀석은 죽어 마땅하다~아!"라고 말입니다.

주변에 있던 남자 관중들은 서로를 바라보며 "오늘 심심치 않게 시합을 보겠구먼!" 이라며 웃어 넘겼습니다. 그러나 점점 이 '아주머니'인지, '아기 주머니'인지 하는 분의 목소리가 마치 붉은 악마의 목소리와 같이 거칠어지며 더러워졌습니다. "오늘 저 심판 죽지 않으면 나는 이 운동장을 떠나지 않는다! 죽여라 죽여... 아니, 죽어라~아!"

그 때 곁에 앉아 있던 한 아저씨가 더 이상 참지 못하고 한마디를 하였습니다. "아주머니, 좀 조용히 하세요. 저 심판 제가 보기에는 잘 하고 있고, 지금까지 오판한 것도 없는데, 이제는 앉으세요!" 그러자 옆에 있던 다른 아저씨들도 동의하며 그 아주머니를 탓하였습니다.

그러자 그 아주머니는 이제는 목청이 갈라져도 좋다는 듯이 이렇게 괴성을 발하였습니다. "당신들은 몰라요. 저 녀석이 나쁘지 않다고요? 알지 못하면 가만히 계시란 말이에요. 저 놈은 내 남편이란 말이야. 당신들이 내 남편의 작태를 어떻게 알아? 죽여라! 죽여~어! 저 나쁜 심판을 죽여라~아!"

이런 분노는 인생의 독약과도 같습니다. 그리고 오늘의 분을 내일까지 품고 살아가는 것이나, 자신의 가정 밖으로 끄집어내어 많은 사람들에게 주저함 없이 이야기하는 것은 하나님의 왕자요, 공주의 삶이 아닙니다. 그래서 성경은 분을 내어도 해지기까지 그 분을 품지 말아야 할 것을 권면하고 있습니다. 이 말씀은 해가 지면 품었던 분도 풀어야 영혼과 육신의 건강에 유익하다는 진리인 것입니다.

어느 분이 유명한 장수촌에 갔다가 지난 5년 동안 단 한 명의 동네사람도 죽어 장사되지 않은 사실을 알게 되었습니다. 그러나 더 자세히 파악해 보니 그 동안에 두 사람이 굶어 죽은 사실을 알게 되었습니다. 그 두 분은 그 동네 장의사 주인과 의사 선생님이셨다는 것입니다.

과연 어떻게 하면 장수할 수 있을까요? 물론 공기와 물이 좋아야 한다는 것은 기본 상식일 것입니다. 그러나 더욱 중요한 것은 분을 오래 품지 않는 것이 장수의 비결 중에 비결인 것입니다. 우리나라 옛날에 화병으로 죽는다란 말은 바로 분을 이겨내지 못하고 죽는다는 말이지 않습니까?

그러나 분을 이길 수 있는 비결이 여기 있습니다. 지금의 분을 일순간에 삼켜 버릴 수 있는 능력입니다. 즉 죄악 덩어리와 같은 자신을 향한 예수님의 대속의 십자가 사랑을 머리로 깨달으며, 동시에 심령으로 인정하고 진심으로 감사하는 인생이 되는 것입니다.

그것만이 지금의 분을 품을 수밖에 없도록 만든 그 사람, 혹은 그 일을 품고 도리어 중보 기도할 수 있는 능력을 받게 되는 신비한 비결이요, 비법인 것입니다. 행함이 있는 믿음이 아름다운 믿음입니다.

10
빠르면 빠를수록

　　　　　　천주교 서울대교구 카톨릭 알코올 사목 상담소장으로 재직 중인 허근 신부님께서 2002년 6월 가톨릭 계통의 주간지 '평화신문'에 <허근 신부의 알코올 탈출기>를 연재하기 시작하여 화제가 되었습니다.

그는 1980년에 사제서품을 받은 뒤 추기경 비서와 서울 상계동, 면목동 등의 주임신부로 사역을 하였으며, 지난해에는 시집인 '그 때 술을 마시지 않았더라면'을 발표하시기도 하였습니다.

그는 '절대고독... 난 알코올 중독자였다' 라는 제목의 첫회에서 "한 때 술을 먹으면 앉은 자리에서 소주 8병, 맥주 24병을 위에 쏟아 부어 넣곤 하였다. 술은 이슬비가 몸을 적시듯 서서히 나의 몸을 파괴하였고, 결국에는 영혼까지 무너뜨렸다." 라고 고백하였습니다.

1998년 4월 1일자로 기록된 그의 일기에는 알코올 중독으로 무너져 내리는 자신에 대한 연민과 안타까움이 그대로 묻어 나오고 있었습니다. "알코올 중독에 걸린 내 자신이 한없이 밉다. 빨리 알코올 중독에서 벗어나고 싶다. 단주(斷酒)를 해야만 한다!"

그는 성직자가 알코올 중독자라는 사실을 인정하는 것이 무엇보다도 어려웠다고 말씀하였습니다. 그리고 허 신부님께서 자신의 과거 치부를 드러내는 것은, 무엇보다도 고통받고 있는 알코올 중독자와 그 가족에게 희망을 주기 위한 것이라고 말씀하였습니다.

그러기에 신부님의 다음과 같은 시는 많은 사람들의 마음을 파고들고 있습니다. "술을 끊으니 꽃이 피는 봄이 보이고, 푸르름이 가득 찬 여름이 보이고, 오색 단풍의 가을을 느낄 수 있네"('술을 끊으니' 중에서).

제가 존경하는 선배 목사님이 계십니다. 그 분은 때때로 교회의 초청을 받아 부흥집회를 인도하시곤 합니다. 그 날도 어느 작은 교회 부흥집회를 열심히 인도하고 계셨는데, 설교 중 어느 여성도가 반갑다는 듯 손을 들더니 "목사님, 저 기억하지 못하시겠어요?" 라고 질문을 하시더라는 것입니다.

순간 당황한 목사님은 그 여성도님을 유심히 바라보았습니다. 그러나 전혀 알 수 없는 얼굴이라 "어허, 잘 모르겠습니다." 라고 대답을 드리자, 그 분의 대답이 걸작이었다고 합니다. "목사님, 목사님이 청년시절 잘 다니던 그 동네 그 골목에 있던 술집 주인이 바로 저예요!" 라고 말입니다.

그렇습니다. 술주정뱅이 청년은 하나님의 은총으로 목사가 되어, 술집주인은 주님의 대속의 은혜로 권사가 되어 만나게 되는 은혜로운 순간이었습니다. 그래도 감사한 것은 "목사님! 그 때 외상값, 이자 붙여서 해결하셔야지요!" 라고 말하지 않은 그 권사님의 최소한의 예의인 것입니다.

우리 주님은 우리들의 지난날의 잘못된 일들을, 그 어느 말 많은 교인처럼 정확하게 기억하고 계시며, 자기가 불리

할 때마다 끄집어내시는 분이 아니십니다. 특히 회개의 열매를 하나님께 바치고 있는 교인들의 과거 죄악된 행위에 대하여는 더욱 건망증이 심하신 분이십니다. 그리고 벌써 그 신부님, 목사님처럼 회복의 은총과 삶을 허락해 주시는 분이십니다.

술 뿐이겠습니까? 자신만이 알고 있는 부끄러운 그 일에 대한 열매있는 회개의 결단은 빠르면 빠를수록 자신에게 복이 됩니다. 그리고 가족과 다른 이들에게 좋은 거울이 될 것입니다.

11
너는 아느냐?
너는 할 수 있느냐?

"내 사전에는 불가능이 없다!" 라고 외쳤던 나폴레옹을 우리들은 알고 있습니다.

나폴레옹의 불가능이 없다는 말은 마치 "나는 슈퍼맨이다!" 혹은 "나는 마징가 제트다!" 라고 외치는 어린아이와 같은 우매한 외침입니다. 왜냐하면 그런 영화를 보고서 실제적으로 슈퍼맨 망토를 걸치고 이층에서 뛰어내리는 것이 바로 일부 어린아이들의 우매함이기 때문입니다. 불가능한 것이 있음을 인정하지 못하는 그런 어린아이들은 결국 중상을 당하거나, 심한 경우 죽고 말 것입니다.

어느 날 무심코 불가능이 없다고 말한 나폴레옹의 초상화를 보았더니, 정말 슈퍼맨 같은 망토를 걸치고 있는 것입니다. 나폴레옹처럼 인생의 몇 번의 승리와 이김을 체험한 후, 자신에게는 불가능이 없는 것처럼 살아가는 인생들이 우리들 주위에 어찌 이토록 많은지요?

물론 기독교인들이 자신감을 가지고 삶을 영위하는 것이 잘못되었다는 말은 아닙니다. 그러나 하나님 앞에서의 겸손이 겸비된 자신감이 필요한 시대입니다. 즉 하나님께서 나와 함께하시면 불가능한 현실도 가능할 것이지만, 만일 하나님께서 등을 돌리시면 당연히 예견된 승리도 결국 패배가 될 수 있다는 겸손한 신앙고백이 우리들 삶의 중심을 차지해야 할 것입니다.

그래서 믿음의 위인 욥에게 하나님은 이런 질문을 통해서 우리 인생들의 무지를 확인시키고 있습니다. "내가 땅의 기초를 놓을 때에 네가 어디 있었느냐 네가 깨달아 알았거든 말할지니라 누가 그 도량을 정하였었는지 누가 그 준승을 그 위에 띄웠었는지 네가 아느냐 그 주초는 무엇 위에 세웠으며 그 모퉁이 돌은 누가 놓았었느냐 바닷물이 태에서 나옴같이 넘쳐흐를 때에 문으로 그것을 막은 자가 누구냐 네가 바다 근원에 들어갔었느냐 깊은 물밑으로 걸어 다녔었느냐"(욥38:4-6, 8, 16).

이 질문들을 한마디로 요약한다면 첫째는 "너는 아느냐?", 둘째는 "너는 할 수 있느냐?"입니다. 만일 네가 그것을 알고 깨달으며 그런 능력이 있다면 "네 오른 손이 너를 구원할 수 있다고 내가 인정하리라"(40:14)그 하나님께서 말씀하십니다.

그러므로 우리 성도들이 세상 사람들에게는 뱀처럼 지혜로워야 할 것이나, 하나님 앞에서는 더욱 어린아이처럼 순진해야 할 것입니다. 그리고 이제 더욱 더 자신의 인생 조정석에 하나님이 앉아 계시도록 해야 할 것입니다. 즉 기도와 찬송 그리고 성경읽기와 예배참석으로 하나님 외에 내 삶의 조종석에 앉으실 분이 없음을 입증해 보이는 것이 바로 믿음입니다. 동시에 축복받을 근원입니다.

만일 미국 행 비행기를 타신 어느 분이 비행기 조종석으로 들어가서 이렇게 요청하였다고 합시다. "기장님, 제가 군대에서 수송부대장의 운전기사로 사역하였거든요. 그리고 제대해서 약 20년 동안 그 복잡한 서울거리를 무사고

운전하여, 이제는 개인택시 면허를 취득하여 운전하고 있습니다. 그래서 말인데요, 피곤하실텐데 한 시간만 제게 조정석을 맡기시지 않으시겠습니까?"

상상조차 할 수 없는 일입니다. 비행기를 탈 때는 절대적으로 기장님을 간섭하거나 그 자리에 앉아서는 안 될 것입니다. 혹 비행기 납치범으로 체포되고자 한다면 모르지만 말입니다. 그런데 왜 우리들은 자신의 삶의 조정석에 하나님을 더 정중히 모시는 것에 주저하는지요? 깊게 생각하며 새로운 결단이 있어야 할 것입니다.

12
목펴란시스코

시외버스도 하루에 2번 정도밖에 오지 않는 시골 동네 이야기입니다.

비포장도로의 선물인 먼지와 가뭄으로 인하여 황토를 바른듯한 벽이 이곳저곳 떨어져나간 구멍가게가 있었습니다. 그 곳에 동네 아이들이 세 명이나 들이닥쳤으니, 그 늙은 주인 아저씨는 내심 기뻤습니다.

"아저씨 박하사탕 500원어치만 주세요!" "오냐, 그래라!" 대답하시며 자신의 손이 닿지 않는 곳에 있는 사탕을 꺼내려는 아저씨는 이미 사다리를 타고 올라가고 있었습니다.

그리고 손에 사탕을 쥐고 만족한 표정을 짓고 있는 꼬마 옆에 있던 친구 녀석도 주인 아저씨를 향하여 "저도 박하사탕 500원어치요!" 라고 말하였습니다.

 다시 사다리를 타시는 아저씨의 뒷모습이 첫 번째보다 힘들어 보였습니다. 그런데 진짜 힘드셨던 모양입니다. 사다리 꼭대기까지 올라가신 그 아저씨는 밑을 내려다보며 나머지 꼬마 녀석에게 "너도 박하사탕이냐?" 라고 물어 보셨습니다.

 "아니에요, 아저씨!" "오냐, 알았다!" 사다리에서 다 내려오신 아저씨는 약간은 숨을 헐떡이며 "그래, 너는 무엇을 줄까?" 라고 물어보자, 그 꼬마가 힘찬 목소리로 이렇게 대답을 하더라는 것입니다. "예, 저는 500원어치가 아니라, 1000원어치요!"

 술에 만취한 청년은 로데오 거리를 가자고 했는데, 그 말을 택시 운전기사는 고대 오거리로 들어서 결국 요금문제로 다툼이 있었다는 이야기도 들은 적이 있습니다. 그렇습니다. 사람들은 살아가면서 마치 그 어린이들과 술 취한 청년처럼 고의 아니게 다른 사람들을 화나게 하는 일을 할 수 있습니다. 심지어 다툼을 일으키는 결과를 가져 올 수 있는 언행을 할 수도 있습니다.

아마도 우리 모두 죽으면 그런 일도 없을 것이니, 오해와 다툼거리가 있다는 것은 아직은 살아있다는 증거이기에 일단은 감사해야 할 것입니다. 또한 물리학의 원리 가운데 '움직이는 곳에는 마찰이 나타날 수밖에 없다'는 것과 같이 때로는 그런 오해와 충돌의 원인들을 자연스럽게 받아들이는 지혜도 필요할 것입니다.

동시에 하나님의 자녀로서의 해결방법도 구체적으로 가지고 있어야 할 것입니다. 그 방법은 예수님이 인간 영육의 유일한 구주라는 것을 부인하거나 무시하는 교인, 혹은 모임이 아니거든 할 수 있거든 드러난 문제를 축소시키는 것입니다.

교회 내에는 작은 일을 스스로 큰 일로 만들어 상처를 받거나, 주는 분들이 계십니다. 그러나 반대로 아주 큰 일, 심지어 교회가 흔들릴 일이라고 해도 그 일이 진리문제가 아니면, 어떻게 해서라도 작은 일로 만드는 일에 자신을 헌신하는 분들이 계십니다. 그리고 그분들 때문에 이만큼의 교회 평화와 안정이 유지되고 있는 것입니다.

 그러므로 우리들의 마음이 더욱 더 이렇게 되기를 주님은 원하시고 계실 것입니다. "야, '콜로라도'면 어떻고, '전라도'면 어떠냐? 그 곳 지명을 정확히 아는 것이 우리 사이에 그리 중요하냐? 관계가 더 중요하지. 그 곳은 아마도 '목포란시스코'일걸? 야, 넘어가자. 통과~!" 라고 말입니다.

13
에이, 저 녀석 삶아 버려라!

대통령과 현 사회체제에 대하여 불만이 가득하던 어느 학생은 결국 운동권 학생이 되고 말았습니다. 그래서 전두환 대통령 시절에는 "독재 정치와 전두환은 물러가라! 물러가라!"를 외쳤습니다.

노태우 대통령 시절에는 거리에 나가 "군사 정치와 노태우는 물러가라! 물러가라!"를 외치며 자기 나름대로의 애국애족을 하였습니다. 그는 계속하여 외쳤습니다. 그래서 김영삼 대통령 시절에는 "김영삼 대통령은 물러가라!", 그리고 김대중 대통령 시절에는 "대통령은 물러가라!"고 목 놓아 외쳤습니다.

하도 이 청년이 대통령은 무조건 물러가야 한다고 외치며 다니기에 우리나라 국방부에서는 그를 군 입대시키지 않고, 추장이 다스리는 남방 무인도로 보내기로 결정한 후 강제출국을 시켰습니다. 그러나 그 버릇이 어디 갑니까? 무인도에 가서도 역시 붉은 머리띠를 질끈 둘러매고 머리를 삭발한 후, "추장은 물러가라! 추장은 물러가라!"고 또 외치는 것이 아닙니까?

그러자 참다못한 추장이 한마디 던진 말이 걸작이었습니다. "에이, 더 이상은 못 참겠다. 저 녀석, 삶아 버려라!" 라고 말입니다. 다 그런 것은 아니지만 술버릇이 나쁜 분, 혹은 아내와 자녀를 북어처럼 폭행하는 분, 외도를 잘 하는 분 그리고 화를 너무 잘 내는 분들의 뒤에는 나름대로의 아픈 과거가 있다고 합니다. 즉 그의 성장과정에서 부모님이라는 거울을 통하여 보고들은 나쁜 것들에 대한 표출의 결과라는 것입니다. 즉 '나는 결코 우리 아버지처럼, 혹은 어머니처럼은 되지 않겠다고 다짐하였는데 어느 날 내가 마치 그 분처럼 되어 버리고 말았다!'는 것입니다.

심지어 어느 젊은 아빠는 채 2살도 되지 않은 자기 아들이 식탁에서 밥을 먹으면서 밥풀을 흘리는 것을 참지 못하고, 난리 법석을 피운다는 것입니다. 그의 아내가 너무나 이상하여 남편과 깊은 대화를 해 보았더니, 그의 어린 시절에 꿀을 먹다가 그것을 조금 흘렸는데 그 때 아버지에게 엄청나게 혼이 났던 것이 그 부분의 성격장애가 되고 만 것입니다.

이와 같이 이미 과거의 그 무엇으로 인하여 이미 고착화된 잘못된 성품을 한 순간에 고친다는 것은 매우 어려운 일입니다. 그럼에도 불구하고 한 가지는 기억해야 할 것입니다. 그 성품이 자신과 가족과 이웃 그리고 교인들에게 피차 상처가 되고 있음을 말입니다. 특히 항상 "물러가라!"를 외쳤던 그 청년처럼 그 무슨 일이나 사람을 대할 때 항상 부정적으로 평가하기를 주저하지 않는 성품은 더욱 피차간에 아픔과 파고드는 상처가 될 수 있을 것입니다.

우리 힘으로 되지 않는 것을 성령님은 하실 수 있습니다. 내 안에 성령의 열매인 사랑과 화평과 오래 참음 그리고 온유와 절제가 새롭게 들어오기를 진심으로 기도해야 할 것입니다. 그리고 기도 후 주어진 현실과 만나는 사람들을 향하여 '그럴 수 가 있어?' 라는 삶에서, '그럴 수도 있지!' 라고 평가하고 인정하는 여유있는 삶을 만들어 나가야 할 것입니다.

성도님은 할 수 있습니다. 예수님이 도와주실 것입니다. 그리고 서로에게 유익이 되는 삶을 누리게 될 것입니다.

제3부

행복한 교회생활

1
신세대 부목사님

　　　　　신세대 일부 부목사님들의 교회봉사 유형이 다양하다고 합니다.

이승복형 목사 "나는 죽어도 야근과 심야기도회가 싫어요!"
이순신형 목사 "나의 퇴근시간과 핸드폰 번호를 아무에게도 알리지 말라!"
나폴레옹형 목사 "나의 사전에 야근과 새벽기도회는 없다!"
김 구형 목사 "나의 첫 번째 소원은 정상 퇴근이요, 두 번째 소원은 담임목사로다!"

물론 잠시 미소를 머금자고 하는 이야기입니다. 또한 모든 부교역자가 그렇다고 단정하는 것도 아닙니다. 그러나 자신과 동역하고 있는 부교역자들 중에, 그런 부목사님이 계실까 염려스러워 하는 담임목사님도 계실 것입니다.

지금은 급변하는 세대입니다. 즉 과거 50년 동안의 변화보다 현재 5년간의 변화의 폭이 더 크고 넓다는 것을 인정해야 하는 세대입니다. 그 결과로 개성시대, 정보화시대, 국제화시대로 표현되는 현대는 겸손의 미덕보다는 자기표현이 필요한 세대이며, 심사숙고보다는 빠른 선택을 강요하고 있는 세대입니다. 그리고 전통보다는 실용이 선호되는 시대이기도 합니다.

그리고 이러한 사회와 교회 현실 속에 적응하지 못하는 목회자는 급변의 속도와 폭을 부담으로 안게 되며, 결국 낙오자로 취급될 수 있는 가능성을 배제할 수 없는 세대 속에서 목회하고 있는 젊은 부목사님들의 입장을 우리는 이해해 드려야 합니다.

특히 '진공관 세대', '아날로그 세대' 그리고 '디지털 세대'의 교인들이 교회라는 한 곳에 모여 있는 것이 현실입니다. 즉 세상 경험, 연령, 학력, 개성 등이 다양하고 독특한 분들이 모여 있는 곳이 교회요, 또한 장로님과 권사님 그리고 청소년과 청년들의 젊은 목회자를 향한 요구가 엄청나게 다른 현실 교회 구조가 높은 벽처럼 버티고 있는 곳이 바로 교회입니다.

그러므로 과거에는 '믿습니다!' 하면 어느 정도 통하였지만, 현대교회는 '믿습니다!' 라고 외치면, '믿는 도끼에 발등 찍히지…' 라며 속으로 대답하는 이들이 적지 않습니다. 그리고 그것을 부인할 수 없는 현실입니다. 그러기에 과거보다 더욱 더 무릎 꿇고 기도와 눈물을 하나님께 드려야 할 목회현장입니다. 즉 한 시간이라도 더욱 교회와 교인 댁에 있어야 할 이유가 분명한 곳이 현대의 목회현장입니다.

세월이 흐를 뿐, 그 흐르는 세월과 관계없이 사람은 사람이고, 성경은 성경입니다. 그러므로 급변하는 이 세대의 흐름과 관계없이, 사람들을 향한 목회방법은 성경적이어야 합니다. 그런 까닭에 더욱 목회의 대 선배이신 바울 사도의 말씀에 귀 기울여야 할 것입니다. "누구든지 네 연소함을 업신여기지 못하게 하고 오직 말과 행실과 사랑과 믿음과 정절에 대하여 믿는 자에게 본이 되어 내가 이를 때까지 읽는 것과 권하는 것과 가르치는 것에 착념하라. 이 모든 일에 전심전력하여 너의 진보를 모든 사람에게 나타나게 하라"(딤전4:12-13, 15).

그렇게 성경적 목회를 지향하면 목회하던 중, 예상치 못한 시기에 자신을 담임목사로 청빙코자 찾아오시는 장로님들, 혹 목사님들을 만나게 될 것입니다.

2
성냥불로 봐주세요!

목회자를 나이별로 구분한 이야기를 들어 보신 적이 계신지요?

20대 목회자를 '장작불'이라고 부릅니다. 그 이유는 영 육간에 강한 목회열정과 능력을 가지고 목회를 하시기에 그분 곁에만 가도 뜨거움을 느낄 수 있기 때문입니다.

30대 목회자를 '연탄불'이라고 부릅니다. 그 까닭은 목회적인 열정과 사역이 아직까지는 은은한 화력과 같아서 많은 교인들에게 좋은 영향을 끼치기 때문입니다.

40대 목회자를 '화롯불'이라고 부릅니다. 왜냐하면 이제는 목회소명과 사명감이 다 꺼진 것 같으나, 그럼에도 불구하고 자세히 보면 아직도 살아있기 때문입니다.

50대 목회자를 '담뱃불'이라고 부릅니다. 담배는 힘껏 빨아야 겨우 불이 붙고 피울 수 있듯이 이제는 특별작정기도, 금식기도를 하며 좋다는 보약을 계속 달여 먹어야 영육의 건강이 유지되며 목회를 할 수 있기 때문입니다. 이 나이에는 집에서 기어 다니는 바퀴벌레도 몸에 좋다면 집어먹을 때입니다.

60대 목회자를 '반딧불'이라고 부릅니다. 그 이유는 불도 아닌 것이 불인 척 하는 것이 반딧불이듯이, 은퇴를 앞두고 다가오는 각종 유혹과 허탈감 그리고 능력의 역부족으로 인하여 목사인 척 하기도 힘들기 때문입니다.

그런데 세월은 마치 목회자의 나이만큼 빨리 달아나는 것 같습니다. 즉 20대에는 20Km 속도로 달려가고, 30대에는 30Km, 40대에는 40Km, 50대에는 50Km 그리고 60대에는 60Km로 달려가는 것이 나이인 것 같습니다.

속일 수 없는 나이 그리고 살같이 빠른 세월과 시간의 흐름 속에서 때로는 당황해 하는 목사님이 바로 성도님이 섬기고 있는 그 목사님이십니다. 그럼에도 불구하고 한 가지를 기억해 주시면 감사하겠습니다. 그것은 빨리 날아가는 나이와 세월을 강제적으로 멈추어서라도 주님이 사랑하는 교인들을 힘을 다하여 정성으로 섬기고자 하는 목자의 심정을 말입니다.

또한 착각이라고 말씀하셔도 어쩔 수는 없으나, 목사님께서 자신의 많은 나이와 상관없이 '성냥불' 목회자가 되기 위하여 몸부림치고 있다는 사실을 말입니다. 즉 살짝 건드리기만 해도 금방 활활 타오르는 성냥불처럼, 성령과 말씀이 충만하여 그 능력을 교인들에게 모두 나누어 주기를 바라는 심정을 말입니다.

그런 열정으로 복음을 전하며 초대교회 교인들을 사랑하였던 옛 노(老) 사도 바울의 고백을 들어보시기 원합니다. "데마는 이 세상을 사랑하여 나를 버리고 데살로니가로 갔고, 그레스게는 갈라디아로, 디도는 달다디아로 갔고 누가만 나와 함께 있느니라"(딤후4:10-11).

그러므로 본의 아니게 세월의 계급장을 이마에 많이 다신 목사님을 너무 쉽게 또는 미련 없이 떠나려고 하지 마시고 누가처럼 곁에 남아 주시는 것 자체가 교회와 복음을 사랑하는 흔적이 아닐까요? 그리하면 교회를 지극히 사랑하시는 하나님께서 기뻐하시고 보상하실 것인데 말입니다.

3
새신자 등록카드에 당신도 이름을 올려 봐!

　　　　　　어느 교회 담임 목사님 사모님이 너무나 지독한 감기에 걸렸습니다.

 그러나 그 날도 시간을 다투며 바삐 목회현장을 뛰어 다니시던 목사님은 사택에 들어오자마자 제대로 인사도 나누지 못하고 그대로 잠이 들고 말았습니다. 한 밤, 홀로 기침과 고열로 인하여 고생하셨을 사모님의 모습을 그리 어렵지 않게 상상해 볼 수 있지 않습니까?

 아무리 목사 사모라고 해도 그 역시 감정을 가진 사람이 아닙니까? 다음날 아침에 출근준비를 하는 남편 목사님을 향하여 이렇게 불평을 털어 놓았다고 합니다. "아니, 당신은 아내가 아파서 끙끙거리는데 그렇게 코를 골면서 편히 주무실 수 있는 거에요? 교인들은 '콜~록' 기침만 해도 심방을 가서 예배드려 주고, 새신자들은 '콜~' 하면 '록' 하기도 전에 뛰어 가서 기도해 주면서 정작 자기 아내에게는 이럴 수 있어요? 섭섭합니다!"

그러자 목사님이 당황하기도 하고, 미안스럽기도 하여 잠시 더듬거리다가 대답하신 말씀이 무엇인지 아십니까? "여보, 그렇게 기도 받고 싶으면 당신도 새신자 등록카드에 이름 올려 봐!" 그리고 심방가방을 들고 또 총총걸음으로 다시 교회로 나가시는 목사님을 성도님은 어떻게 생각하십니까?

물론 목회의 격무로 인하여 교인들보다 상대적으로 가족에게 무관심할 수밖에 없다고 항변할 수 있으나, 아내를 향한 그런 식의 응답은 그리 지혜롭고 사랑스러운 모습은 아닐 것입니다. 그럼에도 불구하고 담임 목사님들의 애환의 일부를 엿보는 듯 하지 않습니까?

집안에서 뿐 아닙니다. 그 목사님께서 그 날 저녁에 중요한 교회 일을 상의하기 위하여 장로님들을 만났습니다. 그러나 그날 따라 의견이 전혀 좁혀지지 않았습니다. 교인들은 그 일이 빨리 해결되어 교회가 안정되기를 원한다는 것을 아셨기에 목사님은 장로님들에게 강청하듯 이런 부탁을 드렸습니다.

"장로님들, 이렇게 평행선회의를 계속 할 수는 없지 않습니까? 한번쯤 이 '주의 종'의 의견을 수렴하실 수도 있지 않습니까?" 그러자 장로님들 중에 연세 많으신 한 분이 하신 대답으로 인하여 목사님은 더 이상 말을 이을 수 없었다고 합니다. "아니, 목사님 목사님은 '주의 종'이지만, 우리들은 '주의 자녀'가 아닙니까? 종이 더 높습디까? 아니면 자녀입네까? 대답해 보시라우요!"

가정과 교회를 동시에 사랑으로 잘 섬겨야 하는 목사님들은 때로는 두 마리의 토끼를 쫓는 사람처럼 현실에서 큰 스트레스를 받게 됩니다. 극단의 불안감과 강박관념에 싸여 있는 산모의 모유가 어린 유아에게 각종 악영향을 전달한다고 하지 않습니까? 마찬가지로 담임목사님께서 그런 산모와 같은 처지에서 주일 설교준비를 하시면 그 영의 양식이 결코 윤택하지 못할 것입니다.

그리하면 그 악영향은 결국 고스란히 교인들에게 전달될 것입니다. 타종교가 의식 중심이라면, 우리 기독교는 말씀 중심의 종교입니다. 만일 하나님의 사자의 말씀에 독소와 이물질이 들어가기 시작한다면 그 목사님이 시무하시는 교회 교인들은 결코 잔잔한 물가, 푸른 초장에 눕는 것 같은 평강한 신앙생활은 불가능할 것입니다.

 결국 자신의 신앙생활을 위하여 목사님들을 향한 긍정적이고, 적극적인 마음의 자세와 중보기도가 필요한 시대인 것 같습니다.

4
신판 개미와 베짱이 이야기

이솝 우화 중에 '개미와 베짱이' 이야기를 다 알고 계실 줄 압니다.

개미는 무더운 여름 내내 열심히 일하므로 추운 겨울에 잘 먹고 잘 살게 되지 않습니까? 그러나 베짱이는 그늘진 나무 위에서 여름을 기타만 치며 보내다가 정작 겨울에는 먹을 것이 없어서 구걸하며 살게 되었다는 우화입니다. 이 우화에는 일할 수 있는 기회를 놓치지 말고 열심히 일해야 좋은 미래를 보장받는다는 교훈이 담겨져 있습니다.

그러나 요즘 우리 젊은이들 사이에 '신판 개미와 베짱이'

이야기가 유행되고 있다고 합니다. 그 내용은 이렇습니다. "개미는 무더운 여름 내내 겨울에 먹을 양식을 저장하기 위하여 뼈 빠지게 일을 하였습니다. 그러나 과로와 중노동으로 인하여 신경통, 류마티스 허리 디스크, 관절염 그리고 급성 간경화라는 병을 얻어 결국 늦가을에 죽고 말았습니다.

그러나 시원한 나무그늘 아래에서 여름 내내 기타를 치며 놀던 그 베짱이는 노래실력이 더 향상되어, 드디어 가을에 신곡을 발표하게 되었습니다. 그런데 이게 웬일입니까? 그 곡이 대히트를 친 것이었습니다. 그로 인하여 그 해 겨울에 베짱이는 돈방석에 앉게 되었고, 그 돈으로 제일 먼저 부모님이 거하실 100평짜리 빌라를 구입하여 드리므로 효자로서의 본을 많은 젊은이들에게 보여 주고 있습니다."

은퇴하신 차현회 목사님의 '원로목사의 고백'이라는 글을 읽어 본 적이 있습니다. 그 글의 서론은 이렇게 시작됩니다. "제가 오늘 '원로목사의 고백'이라는 제목으로 여러분 앞에 들려드릴 이 이야기는 저같이 은퇴한 후에 후회하는 목사가 되지 말기를 바라는 마음에서입니다. 제가 말씀드리는 첫 번째 것은 후회하는 목회에 대해서입니다.

기회를 놓치지 마십시오. 이민 목회 30년 후 은퇴하고 보니 한번도 안식년을 가져 보지 못했습니다. 그런데 이것이 결코 잘한 일이 아니었습니다. 안식기간을 통해 재충전과 새로운 사역에의 활력소를 찾았다면 내 목회는 훨씬 달라졌을 것입니다... (중략)."

안식년이 선교사님들만의 고유의 특권처럼 여겨지고 있는 한국교회를 향한 노(老)종의 외침입니다. 저는 지금까지 목회를 하면서 안식년을 지낸 후, 단 한번도 영육간의 재충전을 받는 일에 실패한 적이 없습니다. 아니 어떻게 안식년을 가졌기에 그런 좋은 결과를 얻게 되었는지 물으신다면, 그 이유는 아직은 안식년을 단 한번도 가져 보지 못하였기 때문이라고 말씀드릴 수 있습니다.

그러나 저는 행복한 목회자입니다. 왜냐하면 일년에 한 달을 안식달로 허락해 주는 교회에서 목회를 하고 있기 때문입니다. 어쩌면 한 단계 업그레이드 된 안식년이 아닐까 하는 자부심을 가지고 있습니다. 일반 사회에서도 이런 말이 있지 않습니까? 중이 어찌 자기 머리를 깎을 수 있느냐는 이야기 말입니다. 그렇습니다. 그래서 저는 '안 쉬려고' 하는 담임목사님들에게, '안식의 시간'을 정기적으로 드리는데 인색하지 않는 교회들이 되었으면 합니다.

 최소한 그리고 아주 기본적으로 한 주일에 한 편의 새로운 설교를 끊임없이 준비해야 하는 영적 중노동을 하고 계신 그 분들을 위해서 말입니다. 이제 더욱 더 담임목사는 신판 개미신세가 되기까지 최선을 다하여 목회를 해야 할 것입니다. 그리고 교회는 그런 목사님을 신판 베짱이로 만들기 위해 노력한다면, 그 교회는 참 좋은 교회로 소문이 날 것입니다. 그리고 선지자들을 잘 대접하다가 선지자의 상급을 받는 교인들이 될 것입니다.

5
헤롯 증후군

　　　　　풍부한 사랑과 온유한 마음을 지니신 목사님께서 어느 날 매우 특별한 장소에 초청을 받았습니다. 그 곳은 사형수가 전기의자에 묶여 처형되는 곳이었습니다. 시간이 되자 사형수가 문을 열고 들어왔으며 그가 의자에 묶이는 장면을 목도한 목사님의 마음속에는 주체할 수 없는 긍휼이 용솟음쳤습니다.

"형제여, 나는 목사입니다. 혹 마지막 소원이 있다면 무엇이든지 말해 보시오. 내가 꼭 들어 들어주리이다!" 그러자 사형수는 너무나 감격한 표정에 눈물까지 흘리면서 목사님에게 이런 소원을 간청하였습니다. "그렇습니까? 목사님,

제게 한 가지 소망이 있다면 목사님 같은 분과 함께 손을 잡고 죽는 것입니다. 그러면 혹 천국에 갈 수 있지 않을까 하는 소망에서 말입니다."

"참 좋은 소원입니다. 제가 들어 드리겠습니다. 이제 사형 집행 직전이 되면 형제님의 손을 꼭 붙잡고 임종기도를 해 드리도록 하겠습니다." 라고 목사님이 대답을 하셨습니다. 그러자 이 사형수는 자신이 말한 뜻은 그것이 아니라는 표정으로 이렇게 말하였다고 합니다. "목사님, 그 때가 아니고요. 제가 앉고 있는 전기의자에 전기가 들어올 때 제 손을 잡아 주셨으면 한다는 말이지요. 혹 이해가 안되시는지요?"

대책 없이 순간적인 기분과 감정에 따라 하는 약속과 그 결과로 낭패를 겪는 분은 그 목사님만은 아닌 것 같습니다. 성경에 나오는 헤롯왕도 함부로 약속하였다가 큰 실수를 한 사람입니다. 자신의 생일축하 자리에서 거나하게 취해버린 그는 헤로디아의 딸이 춤추는 모습에 반하여 이런 약속을 하지 않았습니까? "헤롯이 맹세로 그에게 무엇이든지 달라는 대로 주겠다 허락하거늘"(마14:7).

어미의 지시를 받은 딸은 세례요한의 머리를 소반에 담아 주기를 소원하였고, 헤롯은 근심하다가 결국 큰 선지자를 죽이는 엄청난 죄를 범하고 말았습니다(8-12). 그 결과 헤롯왕은 하나님의 심판을 받아 비참한 최후를 맞이하지 않습니까?

목사와 장로는 교회의 지도자들입니다. 만일 우리들에게 이런 대책 없는 약속을 남발하는 헤롯증후군이 있지는 않은지 늘 경성하여야 할 것입니다. 왜냐하면 지도자로서 교인들에게 약속만 많이 하고 정작 지키지는 않을 때, 교회와 교인들에게 결코 적지 않은 악영향을 끼칠 수 있기 때문입니다.

특히 선교지 탐방을 가서는 이 부분에 극히 조심해야 할 것입니다. 타문화, 타언어권에서 수고하는 선교사님 가족과 그 분의 사역을 볼 때 돕고 싶은 마음이 불일듯 일어나는 것은 교회의 지도자로서 당연한 일입니다. 그러나 귀국한 후에 자신이 한 약속을 지키지 못할 상황들이 교회적으로, 혹은 개인적으로 생길 수 있음을 기억하는 것이 지혜입니다.

그러므로 절제의 은사를 사모하며 지킬 수 있는 약속만 하는 것이 교회 지도자의 자세일 것입니다. 그러나 혹 이미 하신 약속이 계시거든 예수님을 이 땅에 보내시며 때가 차매 대속의 어린양 되게 하시겠다는 언약을 결국 지키신 하나님의 자녀답게 어떠한 희생을 감수하더라도 지키는 목사님들, 장로님들 그리고 교인들이 되어야 합니다. 왜냐하면 우리들은 하나님의 나라 자녀요, 영적인 왕족이기 때문입니다.

6
교회생활 박살계(契)를 아시나요?

'계(契)문화'가 우리들의 10대 자녀들에게 유행하고 있다고 합니다.

원래 '계'는 것은 국사책에서 배운 것처럼 향약, 두레와 함께 전해 내려 오는 우리나라 고유의 협동체입니다. 그러나 산업화 시대가 시작되면서 가깝고 믿을 수 있는 사람들끼리 매달 일정액의 돈을 모아 목돈을 만드는 변질된 모습으로 우리들 사이에 깊숙이 들어와 있게 되었습니다.

그런데 이제는 청소년들도 서로 모여 계모임을 갖는다

고 하니, 듣기에 새롭기도 하지만 또한 염려됨을 부인할 수 없습니다. 그런데 그 학생들도 "우리와 함께 계 조직에 동참할 친구 있냐?"며 계원 모집을 한다고 합니다. 주로 같은 반에서 마음이 통하는 친한 친구들이 그 대상이라고 합니다.

그 다음으로는 '손에 쥐게 될 목돈으로 무엇을 할까?'라는 계의 목적 설정이 참으로 중요하다고 합니다. 그래서 그 목적과 용도에 따라 계 이름이 결정이 나는데, '먹계'(멋진 레스토랑 회식), '닭살계'(여자친구, 남자친구 및 애인의 선물을 구입), '졸업반지계', 그리고 '유명가수 콘서트계'(고가의 입장료 구입) 등 그 종류는 다양하다고 합니다.

이렇게 용도가 결정되면 당연히 '우리 얼마씩 걷도록 할까?'하는 금액과 기간이 거론된다고 합니다. 대개 일주일이나 열흘 단위로 곗돈을 내지만, 때로는 매일 돈을 걷는 계모임도 있어 그런 계원들은 곗돈을 붓는 것이 학교에 가는 중요한 이유 중에 하나가 된다고 합니다. 그런데 그 금액은 500원부터 만원까지 천차만별이라고 합니다.

여기까지 결정되면 '어느 애가 계주, 즉 (그들의 용어로는) 짱이 될 것인가?'가 매우 중요하다고 합니다. 이 학생은 그 모임의 모든 일들을 주관하며, 동시에 곗돈을 관리할 뿐 아니라, 입금이 원활하지 않은 계원 학생들에게는 강력한 힘을 발휘할 수 있기 때문에 만만치 않은 권력자라고 합니다.

그러나 이렇게 힘들게 입금하여 모은 곗돈을 어느 친구가 타게 되면 "야, 오늘은 즐거운 날, 곗돈 뜯어 먹으러 가자!"라며 곗돈 나들이가 있다고 합니다. 학교 근처나 시내로 계원 전원이 나가서 밥을 얻어 먹든지, 기념 스티커를 찍든지, 좌우간 작은 것 무엇 하나라도 뜯어내므로 결국에는 남는 돈이 거의 없는 하루를 보내게 된다고 합니다.

이런 학생들의 계모임은 그래도 애교로 받아줄 수도 있습니다. 그러나 교회 장년들이 모여 만든 '교회생활 박살계'는 결코 성령님의 인도하심이라 말씀드릴 수 없습니다. 즉 교회에서 오래 다니시던 분들끼리 모여 하는 계모임, 또는 구역식구들끼리 마음이 맞아 시작하는 계모임이 처음에는 문제가 없습니다. 그러나 결국 십중팔구 서로에게 상처를 주고 맙니다. 이자 받고 돈 빌려 주는 것, 교인들을 대상으로 다단계 판매를 하는 것도 마찬가지입니다.

그래서 마음 잃고, 신앙 잃고, 신앙의 동역자를 잃고, 돈 잃어버린 후, 교회생활까지 박살나는 경우를 신앙생활 오래 하신 분들은 한두 번 정도 주위에서 보셨을 것입니다. 그러므로 교회가 공식적으로 인정하는 모임 외에는 만들지도 말고, 들어가지도 말아야 합니다. 왜냐하면 고린도 교회가 우리들에게 좋은 영적거울로 그 진리를 인정하고 있기 때문입니다.

"너희가 아직 육신에 속한 자로다 너희 가운데 시기와 분쟁이 있으니 어찌 육신에 속하여 사람을 따라 행함이 아니리요"(고전3:3).

7
목사와 장로는 적이 아닙니다

목사의 설교가 길면 준비를 제대로 하지 않은 것이고, 장로의 대표기도가 길면 온 교회와 교인들을 품고 자상하게 기도하는 것일까요?

목사가 실수를 하면 은퇴할 때가 다가 온 것이고, 장로가 실수하면 그도 사람이기 때문에 실수할 수 있다는 것이겠죠?

목사가 교인들과 식사를 하면서 별로 말이 없으면 쓸데없이 화를 내고 있는 것이고, 장로이면 중후하고 과묵한 성품이기 때문일까요?

목사가 교인들을 기쁘게 하면 아첨하는 것이고, 장로가 교인들을 즐겁게 하면 화목 하는 것일까요?

목사가 새벽기도를 나오지 못하면 기도하지 않고 목회하는 삯군이고, 장로가 나오지 않으면 건강을 위하여 자신을 지혜롭게 다스릴 줄 아는 분이실까요?

목사가 몸이 아파 입원을 하면 하나님의 징계를 받은 것이기에 조용해야 하며, 장로가 입원하면 주님의 사역을 위하여 과로한 것이기에 교인들에게 빨리 알려야 할 것인가요?

목사 사모가 예배 후 교인들과 인사를 나누면 암탉이 우는 것이고, 장로 아내가 인사를 하면 알을 낳는 것입니까?

우리나라 사람들의 피 속에는 반만년 동안 편 가르기의 피가 흐르고 있는 듯합니다. 그래서 '도' 아니면 '모' 라는 말도 있습니다. 물론 그런 민족성은 극단의 흑백논리로 진화되어 사회 전반에 걸친 양극화 현상이 너무나 뚜렷함을 부인할 수 없는 현실입니다. 그러나 그런 모습이 하나님의 교회 당회에서는 재현되지 말아야 하는데, 일부 교회에서는 그렇지 않아 하나님의 영광을 가리고 있습니다. 그 결과 그런 당회는 소속 교인들에게 좋은 의미가 아니라 나쁜 의미로 본이 되어 버리고 말았습니다.

혹 집사 때에는 두 눈을 크게 뜨고 목사를 보고 평가해도 좋을 것이나, 만일 장로가 된 다음에는 한쪽 눈을 감고 목사를 보는 경건만 간직할 수만 있다면 그 많은 흑백논리의 잔재들이 각 교회 당회 언저리에서 물러가게 될 것입니다. 그리고 당회가 피차간에 은근히 기다려지는 사랑의 공동체가 될 것입니다.

상대방의 장점은 애써 작게 만들고, 단점은 확대 해석하려는 풍조가 만연된 이 민족 공동체 속에서 당회원들이라도 피차 한쪽 눈을 감고 빗자루를 들었으면 합니다. 왜냐하면 더럽고 누추한 것들은 몽둥이로 청소할 수 있는 것이 아니라 빗자루로 살살 쓸어야 유익하기 때문입니다.

"형제를 사랑하여 서로 우애하고 존경하기를 서로 먼저하며... 할 수 있거든 너희로서는 모든 사람으로 더불어 평화하라"(롬12:10, 18).

8
자명종 권사님

 ❧

이중표 목사님(한신교회 담임목사)께서 옥구교회에서 목회하실 때 이야기입니다.

이 목사님도 사람인지라 때로는 늦잠을 주무시므로 새벽기도회 시간에 일어나지 못할 때가 있었습니다. 또한 격무로 인하여 육신이 너무 피곤한 날이면, 더욱 새벽에 일어나는 일이 힘들었습니다.

그래서 그 교회 교인 중에 한 분의 권사님이 이 목사님을 깨워주는 자명종이 되시기로 작정하였습니다. 그래서 그 분의 별명은 '자명종 권사님'이 되셨습니다.

그 권사님은 새벽 3시 반이 되면 교회에 도착하여 개인기도를 드리신 후, 4시 반이면 어김없이 이 목사님 사택 앞으로 걸어 가셔서 이런 찬송을 부르기 시작하였다고 합니다. "내 주를 가까이 하게 함은 십자가 짐 같은 고생이나 내 일생 소원은 늘 찬송하면서 주께 더 나가기 원합니다."

그러나 이 목사님은 아주 먼 곳에서 무슨 찬송소리가 나는 것 같다는 의식을 잠시 가지시다가, 다시 잠 속으로 빠져 들곤 하였다고 합니다.

그러면 자명종 권사님은 다시 찬송을 부르기 시작한다는 것입니다. "천성에 가는 길 험하여도 생명 길 되나니 은혜로다 천사 날 부르니 늘 찬송하면서 주께 더 나가기 원합니다." 이와 같은 찬송은 2절을 이어 3절까지 계속되었다고 합니다.

그러나 이 목사님의 마음은 그 찬송을 듣고 있으나, 몸은 정말 말을 듣지 않아 그대로 누워 있을 때가 많이 있었다고 합니다. 하지만 이 목사님은 권사님의 마지막 4절 찬송 가사에는 결국 일어나곤 하였다고 합니다. "야곱이 잠 깨어 일어난 후 돌 단을 쌓은 것 본 받아서 숨질 때 되도록 늘 찬송하면서 주께 더 나가기 원합니다."

늘 다른 말 없이, 그러나 꼭 필요할 때에 목사님 곁에서 자명종 역할을 해 주셨던 권사님을 이중표 목사님은 결코 잊지 못하신다는 것입니다.

예수님이 부르신 제자들은 정말로 평범한 사람들이었습니다. 그러나 주님께서는 그 평범한 사람들을 모아서, 결코 평범하지 않은 삶을 살게 하기 위하여 약 3년 동안 그들과 동거하셨습니다. 그리고 그들은 결국 하나님의 일을 동역하는, 결코 평범하지 않은 삶을 살게 되었습니다.

그 자명종 권사님 역시 교계에서 이름이 난 분은 아닙니다. 그럼에도 불구하고 교계의 거성과 같은 목사님이 탄생하는데 산모의 역할을 하는 결코 평범하지 않은 삶을 사셨습니다. 마치 베드로를 주님께 인도하여 그가 예수님의 수제자요, 엄청난 복음증거자로 사용 받게 하였던 야고보처럼 말입니다.

큰 산이 큰 산이 될 수 있는 것은 곁에 작은 산들이 있기 때문입니다. 마찬가지로 작은 산 되기를 자처하는 교인들이 많을 때, 그 교회는 담임목사님을 통하여 하나님의 일들을 많이 감당하는 복을 받게 될 것입니다.

9
때와 장소를 가려야 합니다

🙂

만일 경목실에 근무하시는 목사님께서 경찰들과 함께 드리는 예배에서 이런 예화를 사용하였다면 그 경찰 아저씨들의 반응이 어떠하였을까요? 그 예화 사용 시기와 장소가 적절하였을까요?

"세계 각국의 경찰 수사력을 경쟁하는 세계 경찰 콘테스트가 우리나라에서 개최되었습니다. 테스트 방식은 낮은 야산에 쥐 한 마리를 풀어놓고 그 쥐를 잡는데 걸리는 시간을 측정하여 순위를 매기는 것이었습니다.

제일 먼저 출전한 중국경찰이 드디어 이틀 만에 풀어놓았던 쥐를 잡았습니다. 수천 명의 자국경찰을 동원하여 잡은 인해전술법이었습니다. 다음으로는 러시아 경찰이 쥐를 잡기 위해 출발하였는데, 단 하루 만에 그 쥐를 잡고 말았습니다. 방법은 다른 쥐의 몸에 추적 장치 및 도청장치를 달아 그 쥐의 행적을 추격하여 잡는 것이었습니다.

그런데 미국의 경찰들은 단 세시간만에 그 쥐를 간단히 잡았습니다. 왜냐하면 열추적장치 등 상상을 초월한 최첨단장치를 사용하였기 때문이었습니다.

드디어 자랑스러운 한국경찰이 출전할 차례가 되었습니다. 산으로 출발한 우리나라 경찰들은 단 한시간만에 곰 한 마리를 데리고 왔습니다. 그런데 그 곰의 온 몸은 퍼런 멍과 피로 범벅이 되어 있었습니다. 그 때 콘테스트의 심판관이 도저히 이해할 수 없다는 표정으로 질문을 하였습니다. "아니, 웬 곰입니까? 쥐는 어디에 있습니까?"

그 때 우리나라 경찰이 곰의 옆구리를 팔꿈치로 뚝 치자, 곰이 깜짝 놀라며 하는 말, "예, 제가 쥐입니다. 정말입니다. 믿어 주세요. 제 꼴이 이래도 제가 쥐라니까요. 하늘을 향하여 맹세코 저는 쥐에요, 쥐, 쥐. 흑 흐으흑..."

그 예배에 참석하였던 경찰들이 설교하시는 목사님의 예화를 들으면서 아무 부담 없는 미소와 폭소를 터트렸을까요? 결코 아닐 것입니다. 그러므로 유머에도 때와 장소를 가릴 줄 아는 예의와 지혜가 필요합니다.

장례식장에서 "와이리 좋노~", 혹은 "날 좀 보소~" 따위의 핸드폰 벨소리는 엄청난 결례가 될 수 있듯이, 유머 역시 그 발상과 기법이 아무리 특출나다고 해도 그 내용이 그 장소와 함께 있는 분들과 어울릴 수 없는 것이라면 상대방에게 불쾌감을 더하여 줄 뿐 입니다.

우리들은 하나님의 자녀입니다. 영적으로 왕족(王族)입니다. 물론 차별의식이 아니라, 구별의식을 말씀드리는 것입니다. 그러므로 유머도 때와 장소를 잘 구별하며, 상대방에게 실례가 되지 않도록 하는 세련된 예의가 필요한 것입니다.

고린도전서 6장 12절은 교회 공동체 생활을 하고 있는 우리들에게 이런 말씀으로 권면하고 있습니다. "모든 것이 내게 가하나 다 유익한 것이 아니요..." 혹 요즘, 나의 기쁨과 즐거움이 다른 교인들에게는 아픔과 상처가 되고 있지는 않은지요?

일년간 실시한 조사대상 목회자들 중에 69%가 과체중, 비만, 지방간 그리고 고지혈증세를 가지고 있는데, 이런 목회자의 성인병 보유율은 일반인 대비 약 2-10배에 달하는 것으로 발표가 되었습니다. 이런 결과의 원인은 목회자들의 운동 부족, 과도한 스트레스 그리고 불규칙한 식사습관 때문이라는 것입니다.

특히 지나친 과식이나, 반대로 결식의 반복, 또한 불규칙한 식사시간, 심방으로 인한 잦은 간식과 야식이 중요한 요인으로 밝혀졌습니다. 그래서 이 연구를 진행하였던 장혜은 연구원은 "건강한 목회를 위해서는 적당한 운동과 건전한 스트레스 해소방안 그리고 올바른 식습관을 실천하는 것이 시급한 과제" 라고 권면하였습니다.

목회자는 공인(公人)입니다. 그러므로 본인과 소속교인들이 건강한 교회 공동체를 위하여 피차 절제해야 할 것입니다. 즉 '많이 드세요!'는 망언이요, '적당히 드세요!'는 방언임을 다시 한번 기억하면 피차 유익한 심방이 될 것입니다.

10
파리와 모기 이야기

무덥고 칙칙한 여름철에 손으로 잡으려던 파리를 놓쳐 본 경험들이 있을 것입니다. 과연 파리들은 우리들의 공격을 어떻게 미리 알고 피할 수 있을까요?

그런 문제를 가지고 어떤 과학자가 연구하여 해답을 얻었다고 합니다. 바로 파리의 털이 해답이었습니다. 즉 파리의 털은 우리 사람들의 털과 달리 엄청나게 예민한 것이어서, 아주 작은 공기의 흐름도 다 느끼며 반사작용을 할 수 있다는 것입니다. 그래서 우리들의 손으로는 잡을 수 없지만, 구멍이 많이 뚫린 파리채로는 파리를 잡을 수 있다고 합니다.

그런데 사람들은 여우와 밍크의 털을 가지고 옷을 만들어 입지 않습니까? 마찬가지로 만일 사람들이 파리의 털을 가지고 옷을 해 입는다면 심야기도회 후의 혹 노상강도의 습격을 미리 방지할 수 있거나, 새벽기도회 다니는 교인들을 노리는 깡패들의 공격을 재빨리 피할 수 있지 않을까 하는 생각을 해 보시지는 않으셨는지요? 황당하세요? 그러나 때로는 황당한 생각이 미래를 만들어 가기도 합니다.

 한 말씀 더 드리도록 합니다. 한 여름에 모기에게 물려 본 경험이 다 계실 것인데, 혹 물린 후 얼마의 시간이 지나고 나서 가려움을 느끼셨습니까? 전혀 신경, 관심 밖의 이야기였다고요? 그러나 과학자들은 그 시간대를 연구를 하였다고 합니다.

 그 연구결과는 통계적으로 볼 때, 약 3분 정도가 지난 후에야 가려움을 느끼게 된다는 것입니다. 그러므로 가려움을 느낄 때가 되면, 우리를 문 모기는 이미 멀리 날아가 버렸다는 이야기가 됩니다. 그러니 가려움이 시작되어 신경질적으로 그 곳을 긁어대다가 눈에 보이는 모기를 잡아 보았자, 엉뚱한 녀석이 객사를 하고 마는 것이 됩니다. "에잇, 내가 아닌데 말이야..." 하면서 말입니다.

멍청한 파리 털 이야기처럼, 예배시간에 멍하니 망상이나 하게 될 여름이 다가왔습니다. 또한 어이없이 죽게 된 모기 이야기처럼, 교회 봉사생활을 하다가 예상치 않았던 사람에게 불쾌함과 실례를 범할 수 있는 가능성이 있는 여름이 성큼 발걸음을 내딛었습니다.

쉽게 짜증나는 여름이기에 더욱 더 가정과 교회에서 나누는 대화 속에 절제와 지혜가 있어야 할 것입니다. 즉 '이 말을 지금 꼭 해야 하나?', '이 말을 해서 우리 가정, 혹은 교회에 유익이 될 것인가?', '지금 이 말을 하도록 하는 것이 성령일까, 악령일까?' 그 무엇을 말하기 전 이와 같이 30초만 묵상할 수 있다면, 그분은 분명 가문 여름에 시원한 냉수 같은 사람으로 여름을 보내게 될 것입니다.

"종용히 들리는 지혜자의 말이 우매자의 어른의 호령보다 나으니라"(전9:17).

11
'이해'란 입장을 바꾸어 보는 것입니다

갓 결혼한 청년부부와 혼기를 넘긴 솔로청년과의 차이점은 무엇이라고 생각하십니까? 분명한 차이가 있는데 대강 이러하다고 합니다.

· 청년부부: 얼굴이 낭만파가 되어 갑니다.
  솔로청년: 인상파가 되어 갑니다.

· 청년부부: 무엇을 해 줄까 고민합니다.
  솔로청년: 무엇을 먹을까 고민합니다.

· 청년부부: 항상 커플링을 끼고 다닙니다.

솔로청년: 항상 추리닝만 입고 다닙니다.

· 청년부부: 극장 프로를 다 외우고 있습니다.
솔로청년: 텔레비전 프로를 몽땅 외우고 있습니다.

· 청년부부: 하루에도 몇 번이고 휴대전화로 연락합니다.
솔로청년: 때때로 자기 휴대전화가 작동되는지 시험해 보거나, 알람시계로만 사용합니다.

· 청년부부: 새가정부에서 성경공부를 합니다.
솔로청년: 아직도 청년부에서 눈칫밥을 먹고 있습니다.

· 청년부부: 교인들에게 임신을 축하한다는 말을 듣습니다.
솔로청년: "이제는 부모님도 생각해야지, 어찌 네 생각만하니?" 라며 이야기하는 분들이 너무 많아 언제부터인가 주일이 무서워지기 시작하였다고 합니다.

그 누구를 이해한다는 것은 그 사람의 입장에서 생각하며 말하는 것입니다. 혼기를 놓친 솔로청년 그 본인만큼 결혼문제에 대하여 깊이 있게 생각하며, 기도하고 있는 사람이 어디에 또 있겠습니까? 그러므로 도리어 이렇게 말하는 것이 이해심이 있는 동료요, 교인일 것입니다. "늦은 것은 사실이지만, 하나님께서 최선의 때를 준비하고 있을 거에요. 같이 기도할게요!" 혹은 "늦은 것이지, 잘못된 것은 아니잖아? 움츠리지 말고 열심히 예배 및 봉사생활을 같이 하자!" 또는 "자제 분 어디가 부족해요, 너무 염려하지 마세요. 곁에서 기도하는 분들이 많잖아요!" 라고 말입니다.

어느 날 구리로 된 항아리와 흙으로 된 항아리가 함께 강물을 떠다니게 되었다고 합니다. 겉모양이 똑같은 두 항아리는 이런 말을 나누고 있었습니다. 먼저 구리 항아리가 말하였습니다. "우리는 같은 항아리이니 사이좋게 함께 이 강을 떠다니자!" 그러자 흙 항아리가 이렇게 대답을 하였다고 합니다. "그래, 자네의 호의는 감사하지만 자네와 함께 떠다니다가 혹 부딪치게 되면 내가 깨져 버리고 말 것 아닌가? 미안하네!" 라고 말입니다.

그렇습니다. 관심을 보인다는 마음으로 한 말이 도리어 그 혼기를 넘긴 청년의 가족, 혹은 본인의 마음을 깨지게 할 수도 있음을 기억하며 교회 공동체 생활을 하는 지혜자들이 되었으면 하는 마음을 전합니다.

12
하나님은 색맹이십니다

🌱

어느 회사에서 만든 경차가 그랜저를 추월하여 신호등에 걸려 정차하고 있었습니다.

추월당하였던 그랜저 운전자는 은근히 화가 나서 같이 정차해 있는 경차 운전자에게 이런 말로 시비를 걸었습니다. "그 차 얼마짜리 입니까?" 마치 무슨 생선 한 마리 값을 물어 보듯 하는 질문에 대답조차 하기 싫은 경차 운전자는 그저 앞만 바라보고 있었습니다.

그러자 그랜저 운전자는 더 약을 올리고 싶은 마음에, 다시 "여보슈, 그 차 한 대 값 얼마냐는 소리가 안 들리는 것이요? 아니면 대답할 만한 가격도 되지 않는단 말이요?" 라고 껌을 씹으며 소리를 질렀습니다.

그때 파란불이 켜지고, 자기 차를 출발시키기 시작한 그 경차 운전자는 웃기지 말라는 표정으로 그랜저를 운전하는 분에게 이렇게 대답을 하였다는 것입니다. "며칠 전에 에쿠스 한 대 구입하니까 덤으로 이 차 한대를 주더라. 왜 잘못됐냐?" 라고 말입니다. 그랜저를 운전하던 분은 당연히 할 말을 잃고 말았다고 합니다.

우리들은 너무 사람들의 외모나 드러난 조건으로 그를 판단하기를 좋아합니다. 혹 교회 내에서도 그런 흐름이 있지는 않은지요? 즉 그 교인의 아파트 평수에 따라, 또는 남편의 직업에 따라 판단하고 대우하는 경향은 없으신지요? 새가족이 타고 온 차량에 따라, 또는 그가 입고 온 옷의 가격에 따라 판단하고 대접하지는 않는지요? 또는 그 교인이 드리는 헌금액수의 차이에 따라, 혹은 생업의 귀천을 나름대로 판단하고 대하기를 주저하지 않는지요?

어느 백인들만 모이는 교회에 흑인이 입장을 거절당하고 힘없이 돌아서자, 하나님께서 그 흑인의 귀에 이런 말씀을 들려 주셨다고 합니다. "너 이 교회에 못 들어가서 섭섭하냐? 섭섭해 하지 말아라. 나 역시 들어가지 못했으니 말이야!" 라고 말입니다.

그러나 "안디옥 교회에 선지자들과 교사들이 있으니 곧 바나바와 니게르라 하는 시므온과 구레네 사람 루기오와 분봉왕 헤롯의 젖동생 마나엔과 및 사울이라"(행13:1)고 성경은 말씀하고 있습니다. 그렇습니다. 이제 초대교회인 안디옥 교회의 구성원을 살펴보시기 원합니다.

그 교회는 흑인과 백인 그리고 노예와 주인이 함께 예배를 드리며 교제를 하였습니다. 또한 무식한 분과 유식한 분, 가난한 교인과 부요한 교인들이 하나님 안에서 하나가 된 아름다운 안디옥 교회 공동체를 본받는 것이 우리 한국 교회의 꿈이요, 우리 교회의 소망이 되어야 합니다. 교회까지 외부적인 조건으로 사람을 판단한다면, 하나님께서 머무실 곳이 이 세상 그 어디에 있겠습니까?

우리 모두를 향한 하나님의 눈은 마치 색맹으로 살아가는 그 어느 사람과 같음을 잊지 마시기를 원합니다.

13
식사(食死)시간

중국 사람들은 결국 세 가지는 다 해보지 못하고 죽는다고 합니다.

첫째는 자신의 나라 전체를 보지 못하고 죽는다는 것입니다. 물론 우리나라 사람들 중에도 이 좁은 땅 조차 다 가보지 못하고 죽는 이들이 많이 있을 것이나, 14억 인구가 살고 있는 그 엄청난 크기의 국가에서는 당연한 이야기일 수도 있습니다.

둘째는 자기 나라의 글자인 한자를 결국 다 배우지 못하고 죽는다는 것입니다. 아무리 백성들이 배우기 쉽게 한자를 만들어 내 놓아도 결코 다 깨우칠 수 없을 것이 한자인 모양입니다. 그리고 마지막으로는 그 많은 중국음식을 다 먹어보지 못하고 죽는다는 것입니다. 심지어 모기의 눈까지 빼내어 요리를 할 수 있는 민족이라니, 그 음식종류가 얼마나 많겠습니까?

혹 중국의 요리 종류를 아시는 분이 계시는지요? 5만가지입니다. 즉 오만가지라는 것입니다. 그 무엇이 너무나 많아 헤아릴 수 없을 때 오만가지라는 말을 사용하지 않습니까? 그러므로 만일 성도님께서 이번 주간에 중국음식 중에 한 가지를 드셨다면 오만가지 중에 한 가지를 드신 것입니다.

일평생 살아가면서 많은 음식종류를 시식할 수 있다는 것은 참으로 즐거운 일입니다. 그러나 자신과 음식을 같이 먹는 사람들에 대한 기본예의를 지키는 일은 더욱 귀한 일이라고 생각합니다. 특히 그 분이 성도라면 더욱 중요한 일입니다. 왜냐하면 식사예의는 복음을 전하는 것만큼 중요한 경건이기 때문입니다. 그러므로 신, 불신을 막론하고 그 분들과 우리 성도들이 같이 식사를 하게 될 때 지켜야 할 기본적인 예의가 있습니다.

식사기도를 너무 길게 하지 않아야 합니다. 길게 하는 기도는 새벽기도 때 적합한 것입니다. 또한 자신이 좋아하는 음식이라고 자기 앞으로 그 반찬그릇을 옮기는 것도 보기에 좋지 않습니다. 특히 어른과 같이 식사하는 자리에서 자기 젓가락으로 반찬그릇을 옮기는 교인도 보았는데 그리 아름다워 보이지 않았습니다. 그리고 초대받아 간 분들이 주인이 정성으로 준비한 음식을 다 먹기까지 음식이 참 맛있다는 칭찬 한마디 정도도 할 수 없다면, 차라리 초대를 거절하는 것이 더 나은 예의일 것입니다.

쩝쩝거리며 음식을 먹거나, 어르신들의 식사가 끝나지 않았는데 미리 숟가락을 내려놓고 예쁘게 차려 놓은 후식 과일을 먼저 먹는 일이나, 아무 말 없이 그리고 모두 즐거운 이야기로 인하여 웃음을 터트리는데도 무표정으로 식사에만 몰두하는 성도님들은 안 계시겠죠?

또한 교역자들과 같이 초대를 받은 교인들 중에 "이렇게 반찬 가지 수를 많이 준비하는 것은 낭비야. 우리나라에서 일 년에 버리는 음식 쓰레기를 돈으로 환산하면 14조원이나 되는데 말이에요. 제 말이 맞죠, 목사님?" 혹은 "목사님들, 많이 드셔야 몸에 좋을 것 하나도 없어요. 그저 간단히 드세요!" 라며 호들갑 떠는 분은 없으신지요?

 더더욱 안타까운 것은 식사하면서 자신과 친한 교인들끼리만 즐겁게 대화를 하고, 등록한지 얼마 되지 않았으나 그럼에도 불구하고 용기를 가지고 그 자리에 같이 참석한 새가족과는 한마디 대화도 하지 않는 그런 식사시간이라면, 아마도 그 새가족에게는 정말 식사(食死)시간, 즉 차려져 있는 음식이니 먹기는 먹되 다시는 이런 자리에는 참석하지 않겠다는 극단적인 결심을 하게 되는 시간이 되고 말 것입니다.

 그리고 배불리 드신 후에 혹 연세드신 교인들 중에 손주에게 주고 싶다고 주인이 보는 앞에서 손수건에 음식을 싸 가방에 넣어 가시는 것도 그리 좋아 보이지 않았습니다. 우리 모두 믿음은 좋은 것 같은데, 식사시간에 보니 실망 그 자체였다는 말을 듣지 않는 기본예의에 충실한 성도들이 되었으면 합니다.

14
어설픈 교인을 가려내는 교인의 모임(어가교 모임)

가칭 '가짜 터프가이를 가려내는 시민의 모임'에서 어설픈 터프가이를 가려냈다고 합니다. 이런 사람들이 바로 그런 사람들이라고 합니다.

5위를 차지한 어설픈 터프가이입니다. '웃을 때에 꼭 끊어서 웃는다!' '하! 하! 하! 핫!' 하거나 아니면 다들 웃고 있는데 혼자만 억지로 참습니다. 그 다음 4위를 차지한 터프가이입니다. '엄청 뜨거운 커피도 단숨에 마신다!' 어디서 이상한 통설을 들었기 때문입니다. 그것은 뜨거운 것을 잘 마시면 여복이 많은 남자가 될 수 있다는 낭설입니다. 그래서 입천장이 다 벗겨져도 원샷 입니다.

3위를 차지한 어설픈 터프가이입니다. '버스를 타고도 결코 손잡이를 잡지 않는다!' 그래서 비스듬히 짝 다리로 서 있다가 버스가 급정거하면 맨 앞으로 굴러 떨어지고 맙니다. 그래도 터프가이이기에 넘어져도 운전기사에게 전하는 말이 있습니다. "수고하십니다. 하! 하! 하! 핫!"

이제 2위를 차지한 터프가이입니다. '싸울 때 늘 먼저 한 대 얻어맞고 씩 웃는다!' 뿐만 아니라 계속 얻어맞으면서도 계속 웃습니다. "어, 너 나를 때렸어!" "퍽~ 퍽!" "어쭈, 너 내 이빨 나가게 했어!" 라면서 말입니다. 드디어 1위입니다. '공중화장실에 가서 휴지가 없어도 결코 당황하지 않는다!'

마찬가지로 가칭, '어설픈 교인을 가려내는 교인의 모임'에서 그런 교인들을 가려냈다고 합니다. 5위입니다. 죽음의 고비에서 천당과 지옥을 환상으로 보신 집사님이 간증을 하자, 개인적으로 조용히 만나자며 교회 화장실로 데려가서 물어보신 말, "집사님, 천당이 있기는 있습니까?" 4위입니다. 주일헌금시간에 지갑을 뒤적이다가 큰 돈 밖에 없자, 투덜대며 중얼거리는 말, "아니, 우리 교회는 본당 안내석에 동전교환기 한 대도 설치하지 않고 뭐 하는 거야?"

3위입니다. 주일설교 및 예배를 인도한 후 교회마당에서 인사를 나누고 있는 목사님을 향하여 위로를 드린답시고 하는 말, "목사님은 한 달에 설교 4번만 하면 되시니 참으로 좋은 직업이십니다. 핫 핫!" 2위입니다. 교회생활 및 봉사생활을 하다가 조금만 섭섭한 일이 생기면 어김없이 이런 말씀을 하시는 분, "교회가 여기 밖에 없나요? 내가 이 교회를 떠나면 목사님도 힘드실 일이 많을 겁니다!"

1위입니다. 만나는 교인들에게 기회가 있을 때마다 이런 말을 하시는 분이십니다. "저는요, 담임 목사님 그리고 사모님과 특별한 관계가 있는 사람이지요!" 그런 분들 중에 혹 신용카드를 잠시 빌려달라는 분이 있을 것입니다. 혹은 보증문제나 돈을 대출해 줄 것을 부탁하며 조속히 갚을 것을 약속하는 분도 있을 것입니다.

조심하셔야 합니다. 저희 내외는 교회 내에서 특별한 관계를 유지하고 있는 교인이 정말 없습니다. 불은 너무 가까이 하거나, 너무 멀리하면 유익한 결과가 나타나지 않는 원리를 알고 있기 때문입니다. 그래서 정상적인 담임목사 부부는 외롭습니다. 그러나 그 외로움이 교회의 덕이 될 수 있기에 즐기는 분들이 바로 목사 내외입니다.

그러므로 "내 아들아 네가 만일 이웃을 위하여 담보하며 타인을 위하여 보증하였으면 네 입의 말로 네가 얽혔으며 네 입의 말로 인하여 잡히게 되었느니라... 노루가 사냥군의 손에서 벗어나는 것같이 새가 그물치는 자의 손에서 벗어나는 것같이 스스로 구원하라"(잠6:1-2, 5).

15
교회생활은 긴 대화와 같습니다

혹 '할아버지의 눈물'이라는 이야기를 들어보신 적이 계신지요?

동네 아이들에게 너무나 자상하셔서 늘 만나면 재미있는 이야기를 해 주시던 할아버지가 계셨습니다. 그날도 노인정으로 마실을 가시던 중, 만난 아이들이 옛날 이야기 한 가지만 해 달라고 졸라댔습니다. 흐뭇한 마음으로 쪼그리고 앉은 그 어르신께서는 자신의 청년시절 이야기를 아이들에게 해 주기 시작하였습니다.

"옛날에 한 젊은 남자가 예쁜 자매를 정말로 사랑하였단다. 그래서 어느 날 결심을 하고 그 자매에게 자기와 결혼하자고 말하였지. 그러자 그녀는 이렇게 대답을 하였단다. '두 마리의 말은 필요 없고, 다섯 마리 소를 가져오면 당신과 결혼하겠어요' 라고 말이야!

그 젊은 남자는 너무나 당황하였어요. 왜냐하면 그녀의 말뜻을 도저히 풀 수 없었기 때문이었단다. 그 결과 청년은 자매에게 확실한 대답을 해 주지 못하였고 그녀와 헤어진 후 지금까지 50여년을 홀로 보내고 있단다."

그 이야기를 숨을 죽이고 똘망거리는 눈빛으로 듣고 있던 한 아이가 할아버지에게 이렇게 말씀을 드렸다고 합니다. "할아버지, '두 마리 말은 필요 없고 다섯 마리의 소'라는 이야기 말이에요, 그 말 줄이면 '두말 말고 오소!'가 아닌가요? 할아버지, 그 말은 결혼하자는 말이잖아요?" 그 아이의 해석을 듣던 할아버지는 깨달음의 탄성을 지르더니, 금방 눈에서 눈물을 흘리고 말았다고 합니다.

그렇습니다. 교인들 중에도 그 젊은 자매와 같은 분들이 있음을 부인할 수 없습니다. 즉 "두말 말고 오소!"라고 하면 될 말을, 빙빙 돌려서 "두 마리 말은 필요 없고 다섯 마리의 소를 가져오면 당신과 결혼하겠어요!" 라는 식으로 말하는 분들이 계십니다.

그래서 그런 교인과 대화를 한 후에는 돌아서면서 혼자 이렇게 중얼거리게 됩니다. "그래서 어쩌란 말인가? 하라는 말인가? 하지 말라는 말인가?" 라고 말입니다. 그런 교인은 소위 '헷갈리는 파'에 속하는 교인이요, '헷갈리게 만드는 파'에 속한 교인입니다. 그런 교인들 곁에는 점점 교인들이 가까이 가기를 싫어합니다. 왜냐하면 만난 후에는 피차간에 오해를 할 만한 일이 생기기 때문입니다.

인간이 오직 자신들을 위해 바벨탑을 쌓았을 때 하나님이 내리신 벌은 '쓰는 말을 뒤섞어 놓아 서로 알아듣지 못하게 하신 것'(창11:7)입니다. 그러므로 상대방이 이해할 수 없을 정도의 애매한 말을 자주 하시는 분 그리고 나중에는 내 뜻은 그런 것이 아니었다며 살짝 피하는 것을 자주하시는 분은 그런 행위가 결코 하나님께 속한 행위가 아님을 기억해야 할 것입니다.

대화란 '이야기하는 쌍방간의 교류를 전제로 어느 내용을 주고 받으면서, 서로간의 의도를 이해하고 수용하여 더욱 친숙한 관계를 모색해 나가는 과정'임을 꼭 명심하는 성도들이 되셔야 할 것입니다. 왜냐하면 성도들의 교회생활은 긴 대화와 같기 때문입니다.

16
때론 한 숨 돌리는 것도 좋은 경건입니다

우리나라 사람과 서구사람과의 큰 차이점이 있다면 아마도 급한 성품일 것입니다.

서구사람들은 자판기의 커피를 마시고자 할 때, 대체로 커피가 다 나오고 불이 꺼진 후 컵을 꺼내 마십니다. 그러나 우리나라 사람들은 자판기에 커피를 눌러 놓은 후 커피 나오는 곳에 손을 넣고 기다리지 않습니까? 그래서 가끔 튀는 커피에 손을 데기도 합니다.

또한 서구사람들은 사탕을 먹을 때 대체로 쪽쪽 빨아먹습니다. 체격이 크신 아줌마가 공원에 앉아 사탕을 혀로 빨아

먹는 모습은 우스꽝스럽기도 합니다. 그러나 우리나라 사람들은 사탕을 '아그작 아그작' 깨물어 먹습니다. 그러다가 이빨, 아니 치아가 부러지는 아이들, 혹은 어른들이 적지 않습니다.

또한 서구사람들은 아이스크림을 먹을 때, 대체로 천천히 혀로 핥으며 먹습니다. 그러나 우리나라 사람들은 아이스크림을 단번에 베어 입안 가득히 먹어야지, 만일 핥아먹다가는 화병이나 벌떡증에 걸리고 맙니다. 어떤 분은 아이스크림을 한입에 왕창 다 먹다가 순간적으로 식도근처에 마비가 왔는지 가슴을 감싸거나 두드리기도 합니다. 놀라운 일입니다.

한 가지 더 말씀을 드린다면 서구사람들은 버스 정류장에서 버스를 기다리다가 차가 도착하면, 대체로 서서 기다리다가 천천히 줄을 서 승차를 합니다. 그러나 우리나라 사람들은 기다리던 버스가 도착하는 것을 보면 일단 차도로 뛰어 내려갑니다. 그래서 가끔 버스 바퀴에 발등을 다쳐 급히 병원으로 실려 가기도 합니다.

이런 급한 성품들은 교인들의 교회생활 가운데에서도 자

주 나타납니다. 그래서 새벽기도를 인도하다 보면 웃지 못할 일이 생깁니다. 새벽설교를 끝내고 마침기도를 시작하자마자 몇몇 교인들의 가방을 열어 성경과 찬송을 집어넣는 소리 그리고 마지막으로 가방 지퍼를 닫는 소리까지 듣게 됩니다. 왜 믿음 좋은 새벽기도 할머님들이 그렇게 기도 시간까지 무시하며 급히 가방을 챙기는가 생각해 보았더니, 아마도 이북에서 정신없이 피난 내려와 모든 것을 빨리빨리 해야 먹고 살 수 있었던 시절을 보낸 까닭이라는 판단이 들었습니다.

또한 "~있을지어다!" 축도의 끝이 선언되자마자 손에서 빠져나가는 미꾸라지처럼 쏜살같이 본당을 떠나는 분들, 교회 어른들을 상관치 않고 식사기도가 끝나자마자 수저를 먼저 드는 일부 젊은 교인들, 교회버스가 도착하자마자 달려가 문고리를 먼저 쥐고 있는 분들, 줄서서 배식을 기다리고 있는 교회식당에서 새치기하시는 분들, 대심방 때 자기 가정이 제일 먼저 예배를 드리지 못하여 시험에 드신 분들, 특히 아직 그 교인과 만나서 대화를 하지 않았건만 대화내용을 미리 자기 나름대로 확대 해석, 혹은 작품을 써서 이야기하고 다니는 분들은 가히 살인적인 급한 성품의 소유자들 입니다.

그런 우리들을 향하여 성경은 이런 말씀으로 권면하고 있습니다. "무릇 기다리는 자에게나 구하는 영혼에게 여호와께서 선을 베푸시는도다 사람이 여호와의 구원을 바라고 잠잠히 기다림이 좋도다"(애3:25-26). 때로는 한 숨 돌린 후 말하고 행동하는 것이 좋은 경건이요, 복 받을 신앙입니다.

17
양아치 교인

　　조선 말기에 섭정을 하면서 최고의 권력자로 백성들 앞에 군림하였던 대원군과 관계된 이야기를 소개하고자 합니다. 하늘을 나는 새도 잡을 수 있었던 그에게 많은 사람들이 찾아와 청탁을 하였던 것은 특별한 일이 아니라, 당연한 일이었을 것입니다. 그 날은 시골 선비가 대원군을 찾아왔습니다. 혹 말단 벼슬자리라도 하나 얻을 수 있을까 하는 소망으로 왔으나, 그는 변변한 선물 하나 가져오지 못하였습니다.

　우여곡절 끝에 대원군을 대면할 수 있는 행운을 얻게 된 그 시골 선비는 정성을 다 바쳐 대원군에게 큰 절을 올렸습니다. 그러나 별로 관심을 둘 필요가 없을 것 같은 시골 선비였기에 대원군은 책을 읽는 척하며 그 인사를 받지 않았습니다. 그러자 그 선비는 간절한 마음을 담아 다시 한번 큰 절을 올렸습니다.

그러자 대원군은 이 때라는 심정으로 소리를 치며 그 시골선비를 꾸짖기 시작하였습니다. "네 이 고약한 놈, 네놈이 나에게 두 번이나 절을 하는 것은 나를 죽은 사람으로 취급하는 행위가 아니냐. 그렇게 절하고도 네가 무사히 이곳을 나갈 것으로 생각하느냐? 게 아무도 없느냐? 이 시골 촌놈을 밖으로 끌고 나가 엄한 벌을 내리도록 하라!"

사실 한 사람에게 두 번 큰 절을 하는 것은 죽은 사람 제사 지낼 때나 하는 절이지, 살아있는 사람에게 하는 절은 아니었습니다. 너무나 당황한 시골선비는 놀람과 두려움에 어찌할 바를 몰랐습니다. 그러나 평소에 재치와 유머감각이 넘쳤던 그 선비는 급히 정신을 차린 후, 대원군에게 이렇게 말씀을 올렸다는 것입니다.

"고정하옵소서! 제 중심은 결코 그런 뜻이 아니었습니다. 처음에 한 큰 절은 대원군을 뵙게 된 것을 감사하며 영광스럽게 여기는 마음으로 드린 절입니다 그리고 두번째 드린 절은 대원군께서 저의 소청을 받아 주시지 않는 것으로 여기며 이제는 그만 돌아가겠다는 의미로 드린 절이오니 용서해 주시기를 소원합니다!"

그 시골 선비의 설명을 들은 대원군은 더 할 말을 잊어버리고 말았다고 합니다. 왜냐하면 그 선비의 말이 결코 틀린 것이 아니었기 때문이었습니다. 그의 처치와 유머 감각은 자신의 최대위기와 절대절명의 순간을 헤쳐 나오는 귀한 무기가 되었습니다.

바리새인들도 우리 예수님을 말의 올무에 걸려 넘어지게 하는 시험을 하였던 적이 있습니다. "가이사에게 세를 바치는 것이 가하니이까 불가하니이까?" 그 절대절명의 순간을 우리 주님은 재치와 유머 섞인 비유로 넘어가셨습니다. 즉 데나리온 동전을 가져오게 하신 후, 동전의 형상을 가리키며 가이사의 것은 가이사에게, 하나님의 것은 하나님께 드릴 것이라고 말씀하셨던 것입니다(마22:15-22).

양아치는 자기와 다른 것은 무조건 정죄하고 싸우려고만 하듯이, 양아치 같은 교인은 이해와 타협 없이 무조건 다투려고만 합니다. 그러나 우리들의 스승 되시는 주님께서는 재치와 유머로 다툼을 피해 가셨습니다. 물론 비유를 통하여 진리를 파수하고 전파하시면서 말입니다. 교회생활은 관계입니다. 교인들과의 관계에서 양아치 교인이 되지 않기를 사모하며 교회생활 하시기를 원합니다. 왜냐하면 때가되면 하나님께서 결국 이루실 것이기 때문입니다. 하나님보다 앞서 나가지 않는 지혜가 필요한 때입니다. 교회의 머리되시는 주님의 권면입니다.

18
질리는 교사는 되지 마셔야지요!

　　　　　시골을 여행 중이던 서울 아줌마 세 명이 피곤함을 달래기 위해 시골 다방을 찾았습니다.

　졸린 얼굴의 다방 여종업원은 하품을 하며 "뭐 드실 거에요?" 라고 말하였습니다. 물론 껌도 씹어대면서 말입니다. 그러자 세 명의 아줌마는 이렇게 주문을 하였다고 합니다. "응, 나는 카푸치노로 해요!" "나는 에스프레소로 부탁해요!" 그러자 마지막 아줌마는 "나는 좀 색다른 것... 헤이즐넛 있지? 그거로..." 라고 주문을 하였습니다. 그런데 이 세 명의 주문을 받은 다방 여종업원은 주문받은 내용을 재차 확인하지도 않고 주방을 향하여 이렇게 소리쳤다고 합니다.

"여기, 커피 석 잔이요! (저 아줌마들 무슨 소리하는지 통?...)"

그리고 그 여종업원이 가져온 것은 설탕과 프림이 들어있는 플라스틱 통 뿐이었다고 합니다. 그것이 시골 다방 여종업원의 수준이었을 것입니다. 그저 "여기 커피 석 잔이요!"라고 주문하면 피차 좋았을 것을 말입니다.

마찬가지입니다. 그대로 주교교사는 자신이 가르치고 있는 교회학교 학생 수준으로 성육신하여 말씀을 증거 해야 할 것입니다. 왜냐하면 우리 예수님께서도 하늘 보좌를 버리시고 우리 인간의 죄된 육신을 취하여 이 땅에 성육신하셨기 때문입니다.

또한 모든 교회학교 선생님들의 영원한 스승이신 주님께서는 하나님의 진리를 선포할 때에 그 내용을 제자들과 백성들이 잘 이해할 수 있도록 각종 비유를 선용하셨기 때문입니다. 우리 주교 선생님들의 분반공부 내용은 어느 수준이신지요? 혹 담당 전도사님이 듣고 은혜를 받고 있는 수준이신지요? 아니면 학생들이 은혜 받는 수준이신지요?

만일 교회학교 주일오전예배 설교를 하시는 전도사님, 혹은 목사님의 설교에 대하여 그 예배에 출석하고 있는 교사들은 매 주일 큰 은혜를 받고 있는데, 정작 그 부서의 학생들은 졸거나, 핸드폰 문자를 보내거나, 친구들하고 잡담이나 하고 있다면 문제 있는 설교내용이 아닐까요?

그러므로 교회교사들이 제일 먼저 결단해야 할 것은 거의 한 시간 정도가 필요한 공과내용을 20-30분으로 요약하는 것입니다. 그 후 그 내용을 분반공부에 참석할 학생들 수준으로 요리해야 하는 것입니다. 물론 노력과 묵상 그리고 지혜가 필요할 것입니다. 그러나 그 일을 위하여 하나님이 우리들을 교회 내 수많은 직분 가운데 그대로 주교교사로 임명하셨다는 것을 잊지 말아야 합니다.

혹 선생님은 분반공부 시간에 질문식의 성경공부를 시도해 보셨는지요? 처음에는 힘들 것이나 그것이 교사가 학생들 가운데 거하며, 그들이 분반공부에 자원하여 동참하게 되는 좋은 원동력이 될 것입니다. 혹은 올해는 성경암송을 매주일 실시해 보실 마음은 없으신지요? 유대인의 교육은 종교교육이요, 그 근본원칙은 쉐마 교육입니다. 히브리어로 '쉐마'는 "들으라!"(신6:4)입니다. 즉 하나님의 말씀을 부

지런히 가르치며, 그것을 결국 학생들의 마음에 새기게 하는 것입니다. 다시 말씀드리면 성경암송인 것입니다.

 이제 성령의 인도하심을 따라 작년보다 좀더 노력하는 교사가 되기를 소망합니다. 그래서 올해는 가르치는 내용이 너무 어려워 학생들 사이에서 '질리는 교사'가 아니라, '진리를 쉽게 그리고 제대로 전한 교사'로 학생들에게 기억되기를 소망하는 마음을 전합니다.

19
토할 정도로 먹는 날

만일 성도님들이 이렇게 식사를 하시면 분명 비만체형이 되고 말 것입니다.

월요일은 '원래 먹는 날'이요, 화요일은 '화끈하게 먹는 날'이라면...

수요일은 '수도 없이 먹는 날'이요, 목요일은 '목 터지게 먹는 날'이라면...

금요일은 '금새 먹고 또 먹는 날'이요, 토요일은 '토할 정도로 먹는 날'이라면...

일요일은 '일일이 찾아다니며 먹는 날'이라면 살찌는 것은 불 보듯 뻔 할 것입니다.

아마도 이북에서 굶어 죽어가던 분들이 남한으로 들어와 돈이 생기면 얼마동안 그럴 수 있을 것 같다는 생각은 듭니다. 그런데 제 자신도 옛날 목회할 때에는 정말 정신없이 먹어댔던 것을 추억합니다. 그 때는 잘 먹는 교역자가 은혜가 충만한 목회자로 인정되던 때였기 때문이었습니다. 그래서 '목회'가 아니라, '먹회'였음을 부인할 수 없었던 시절이었습니다.

 심지어 담임목회 초년시절, 어느 시골교회 부흥집회를 인도하러 갔을 때 이야기입니다. 일년에 정말 몇 번 정도만 아침식사를 밥으로 먹던 제가, 집회기간 4박 5일 내내 아침밥을 먹게 되었습니다. 그것도 시골 장로님, 권사님 댁에서 산봉우리처럼 듬뿍 퍼준 쌀밥을 말입니다. 순교의 마음으로 아침밥을 다 먹었더니 도시 목사님께서 아침식사도 잘한다면서 다시 한번 퍼 주는 밥을 보며 '아, 이 어쩌란 말이냐!' 물론 그 집회를 마치고 집에 돌아와 아내의 도움을 밤새도록 받을 수밖에 없었습니다. 밤새 화장실을 들락거리면서...

 그러나 이제는 보릿고개가 아련한 추억이 된 시대이기에 그런지, 제가 먹는 만큼만 권하는 목회를 하고 있으니 참으로 감사할 따름입니다. 이제는 도리어 제가 "집사님, 여기 밥 한 그릇, 국 한 그릇 더 주시면 좋겠네요, 참 맛있어요!" 라고 하기도 합니다. 그리고 때때로 "목사님, 목사님도 비만 체질인데 이제 그만 드시죠!" 라는 핀잔 아닌 핀잔을 듣기도 합니다.

그러나 이제는 못 먹거나, 혹은 많이 먹는 것을 이야기할 시대가 아닌 것 같습니다. 사랑의 눈으로 주위를 살펴보며 있는 것을 나누어야 할 시대입니다. 군중 속에 고독이 있듯이 풍요 속에 빈곤이 심화되는 시대이기 때문입니다.

물론 동정으로 나누지 말아야 합니다. 사랑으로 나누어야 합니다. 동정은 상하가 있으나, 사랑은 동등한 위치에서 나누는 것입니다. 이제 우리 기독교인들만이라도 둘이서 하룻밤에 어려운 이웃 40~50명의 식사비에 해당되는 식사를 즐기지 말아야 할 것입니다. 도리어 자신을 통하여 4~5명의 결식자에게 배부름 후의 만족한 웃음을 선물할 수 있는 삶을 실천해야 할 것입니다.

우리 교회에서는 식당을 지정하여 관내 학교들의 결식학생들의 식사비를 돕고 있습니다. 그 학생들 중에 어느 중학생이 제게 보낸 편지내용의 일부입니다. "...앞으로도 이렇게 매일 점심을 먹을 수 있었으면 좋겠네요!"

 사랑으로 자신을 나누고 있는 우리 교인들이 사랑스럽습니다. 물론 하나님도 성도님들을 사랑하시지만요.

20
평생원수!!

언제인가 TV에서 할머님과 할아버님들이 나와서 퀴즈를 맞추는 프로가 있었습니다. 어느 한 노부부에게 '천생연분'이라는 단어가 문제로 주어졌습니다. 그때 할머니가 할아버지에게 그 단어를 열심히 설명하고 계셨는데 할아버지가 알아 맞추지 못하자 낮은 목소리로 이렇게 말씀하셨습니다.

"우리 사이, 우리 사이 말이에요!" 그러자 할아버지는 잠시 생각하시더니 확신에 찬 목소리로 이렇게 대답하셨습니다. "원수!!" 방청객들이 박장대소를 하자 당황한 할머니는 "두 글자가 아니고요 네 글자, 네 글자란 말이에요!" 라고 말씀하셨습니다. 방청객의 웃음소리에 이제는 할아버지도 긴장을 하신 것 같았습니다. 잠시 깊이 무엇인가를 생각하시더니 역시 자신감에 찬 목소리로 "평생 원수!!" 라고 말씀하시는 것이 아닙니까?

 방청객, 그리고 그 날 그 프로를 보신 분들 모두 오랜만에 배꼽잡고 웃으셨을 것입니다. 물론 저는 그 노부부께서 평생원수로 사신 분이라고는 결코 생각하지 않았습니다. 평생원수 부부였다면 어찌 다정하게 그런 프로그램까지 나오실 수 있겠습니까? 서로의 마음이 통하고 서로를 이해하지 못하며 사셨다면 "늙어서 웬 주책이야!" 라며 어느 한 분이 TV출연을 거절하셨을 것이 분명하기 때문입니다.

 그저 우리가 한번 생각해 보고자 하는 것은 우리들도 때론 그 할아버지처럼 착각 속에서 신앙생활을 하고 있지 않은가 하는 것입니다. 한쪽은 평생 잉꼬부부로 여기며 살았는데 다른 한쪽은 평생원수로 여기며 살고 있는 부부가 혹 있을 수 있듯이, 자신은 믿음이 참 좋은 교인이라고 자평하며 교회생활을 하고 있는데 하나님 편에서는 평생 초신자처럼 살아가는 성도들이 있을 수도 있지 않겠나 하는 것입니다.

그래서 주님께서 인생들을 최후 심판하실 때 "그때에 내가 저희에게 밝히 말하되 내가 너희를 도무지 알지 못하니 불법을 행하는 자들아 내게서 떠나가라 하리라"(마7:23) 라는 선언을 들을 분들도 있지 않을까 하는 염려가 있음을 숨기고 싶지 않습니다. 그러면 예수님이 말씀하시는 불법을 행하는 자는 과연 어떤 사람이겠습니까? 그런 사람은 "하늘에 계신 아버지 하나님의 뜻대로 행하지 않는 자"(21절 하) 라고 주님께서 말씀하셨습니다.

그런데 예수님께서 이런 말씀을 전하고 있는 대상은 누구이겠습니까? 불신자나 배교자 혹은 이단에 속한 사람들이겠습니까? 현대적으로 말씀드린다면 교회 예배시간에 앉아 있는 교인들이 아니라, 교회밖에 있는 사람들이 대상이겠습니까? 결코 아닙니다. 바로 우리들입니다. 교회 안 팎에 있는 적지 않은 사람들에게 참 좋은 사람, 특히 성품이 바다 같다는 사람, 또한 신앙이 좋다고 인정을 받고 있는 우리들이 주님이 보실 때에 혹 불법을 행하는 자일 수 있습니다. 왜냐하면 "나더러 주여 주여 하는 자마다 천국에 다 들어갈 것이 아니라"(21절 상)고 예언하셨기 때문입니다.

이들은 예수님의 교회를 다니기는 합니다. 물론 주님께 헌금, 찬송, 기도를 드리기도 합니다. 또한 교회 일이라면 그 무엇보다도 즐거움으로 봉사하며 자신이 못하면 아내 혹은 남편, 자녀들이라도 대신하는 것을 막지 않습니다. 그러나 예수님이 자신의 영혼과 육신, 현세와 내세의 구주되심을 믿음으로 영접하지 않는 자들은 하나님의 뜻을 거역하는 것입니다.

그러므로 예수님을 개인의 구주로 영접하는 것은 그 무엇과 바꿀 수 없는 우리를 향하신 하나님의 최고의 뜻입니다. 영원한 축복입니다. 이제 더욱 더 예수님이 주실 선물보다 골고다 상의 예수님만을 바라보는 신앙인으로 성숙되어지기를 바라는 마음입니다.

21
영적 기근의 원인

　　　　　　성도님들이 어서 속히 피하고, 던져버려야 할 예배의 유형들이 있습니다. 왜냐하면 하등종교일수록 화려하고 장엄한 의식을 강조하지만, 참 진리일수록 예배의식보다는 선포되는 말씀에 중심이 있기 때문입니다. 그러므로 설교시간에 다음과 같은 '파'는 되지 말아야 합니다.

　교정파 설교시간에 주보를 꼼꼼히 살펴보며 틀린 문자를 교정하여 예배 후, 한심하다는 표정으로 목사님에게 드리는 교인들입니다.

정서불안파 설교시간에 몇 번이나 본당 뒤에 있는 시계를 쳐다보며, 안절부절하는 바람에 옆에서 같이 예배드리던 아내와 교인까지 불안하게 만드는 교인들입니다.

줄반장파 설교시간에 하나님의 말씀을 듣기 보다는, 자기 구역식구, 혹은 소속 전도회원 참석여부를 확인하기 위해 두리번거리다가 옆에서 설교를 듣고 있던 교인들의 설교 듣는 맥락을 끊어버리는 교인들입니다.

티순이, 티돌이파 집에서는 성경을 전혀 읽지 않다가, 설교만 시작되면 성경을 펼쳐 놓고 줄까지 그어가면서 읽는 일부 교인들과 교역자들. 정말 세상이 감당하기 어려운 분들입니다.

몽유병환자파 정말 불가사이 할 정도입니다. 성가대 찬양 순서까지는 그렇게 생생하던 분이 설교만 시작되면 그렇게 갑자기 주무실 수가 있을까요? 아내가 허벅지를 꼬집어도, 혹은 남편이 헛기침을 하더라도 효험이 없습니다. 옆에서 설교 경청에 방해받으면서도 끝까지 참던 교인이 흔들어 깨워 사탕을 주어야만 일어납니다. 사탕 가지고도 불가능한 분은 결국 설교가 끝나야 몽유병과 같은 졸음에서 해방이 됩니다.

 왕수다파 그동안 나누지 못한 말이 그리도 많은지, 설교가 시작될 때부터 끝나는 순간까지 작은 목소리로 하염없이 이야기를 나누는 교인들입니다. 못다한 이야기는 주로 헌금주머니가 돌아가는 시간에 나누기도 하는데, 결국 그런 교인들 곁에서 예배를 드리고 나가는 교인들은 주로 이런 불평을 터트리며 교회 문을 나섭니다. "아니, 그 교인들은 말 못하고 죽은 귀신이 붙은 사람들인가? 참..."

 예수님도 감당할 수 없는 파 설교시간에 일간스포츠나 기말시험을 준비하기 위한 도서를 조금도 부끄러움 없이 정독하는 젊은 교인들입니다. 옆에 있는 장년 교인이 참다 못해 "목사님 설교를 들어야지!" 라고 충고하자, "들을 것이 있어야죠. 너무 싱거워요. 우리 목사님 설교에 고춧가루 좀 뿌려야 할 것 같아요!"

 아모스 선지자는 우리 성도들에게 피를 토하듯 외치고 있습니다. "주 여호와께서 가라사대 보라 날이 이를지라 내가 기근을 땅에 보내리니 양식이 없어 주림이 아니며 물이 없어 갈함이 아니요 여호와의 말씀을 듣지 못한 기갈이라."(암8:11).

혹 지금 교인인 자신에게 찾아오는 영적기근의 근본 원인을, 예배를 참석하면서도 복음, 즉 설교를 거부하는 자신에게서 찾을 수 있다면 아직은 회복의 소망이 있는 성도일 것입니다.

22
당황과 황당

대형교회에서 심방담당 목사로만 사역하시던 젊은 목사님이 계셨습니다. 자신이 맡고 있는 지역은 웬만한 중형교회의 교인 숫자이었으므로 심방훈련은 잘 받았으나, 실제로 장년 교인들에게 설교할 기회는 일 년에 한 번 정도에 불과하였습니다. 부목사님들이 많이 계셨기 때문입니다.

그런데 하나님께서 그 목사님에게 단독목회 할 기회를 자신이 예상했던 것 보다 빨리 주셨습니다. 그래서 그 교회로 부임한 후, 드디어 첫 주일설교를 하게 되었습니다. 단에 올라가 보니 앞이 캄캄한 것이 준비된 원고대로 설교하는 것조차 힘들다는 것을 순간 느끼게 되었습니다.

그러다가 결국 원고내용을 잊어버리고 말았습니다. 그래서 생각나는 대로 이렇게 설교를 계속하였습니다. "예수님께서 자신이 거하는 성으로 오신다는 소식을 들었습니다. 오실 때가 되자, 수많은 사람들이 거리로 몰려들었습니다. 물론 니고데모도 그 가운데 있었습니다. 그러나 군중이 너무 많고 자신의 키도 너무 작아 할 수 없이 뽕나무 위로 올라갔습니다. 오직 예수님을 보고 싶은 열망 때문이었죠."

그러자, 교인들끼리 수군거리는 것이 아닙니까? 일부 교인들은 웃음을 참지 못하고 끽끽 소리를 내면서 터져 나오는 웃음을 참고 있는 모습을 보면서 자신이 설교를 잘못하고 있다는 것을 깨닫게 되었습니다. "맞아! 니고데모가 아니라 삭개오를…! 큰일났다, 큰일났어…" 더 당황하게 된 그 젊은 목사님은 이렇게 설교를 이어 갔다고 합니다.

"그 때 삭개오가 나타났습니다. 그리고 뽕나무 위에 올라가 있는 니고데모를 향하여 이렇게 외쳤습니다. '니고데모야! 그 나무에는 내가 올라가기로 예약되어 있는데, 왜 자네가 올라가 있는 거야! 이건 약속 위반이란 말이야! 어서 내려오지 못해!' 그러자 니고데모는 자신의 실수를 인정하며 그 나무에서 내려왔습니다. 그러나 그가 그 후에 어디로 갔는지, 무엇을 하다가 죽었는지, 그 누구도 모릅니다. 혹 하나님은 아실런지.....?"

'당황'할 수밖에 없을 때, 주위사람들의 반응이 분명하면 더욱 '황당'하게 됩니다. 그러므로 예배 중, 핸드폰 소리가 울리면 급히 소리를 죽이고 어쩔 줄 몰라 하는 교인들에게 도끼눈으로 쳐다보는 것은 예의가 아닙니다. 다만 나도 그럴 때가 있어 몹시 당황했었다는 표정으로 밝은 미소를 던져 줄 수 있는 것이 교인들의 여유가 아닐까요?

또한 설교시간에 곁에서 정신없이 졸고 있는 남편의 무릎을 너무 세게 꼬집어 멍들게 하는 것 보다는, 한 5분 정도 깊이 주무실 수 있도록 해 드리는 것도 우리들의 여유로움이 되어야 합니다. 왜냐하면 졸고 있는 남편을 계속 꼬집어 깨우는 것은 결국 설교시간 내내 몽롱한 상태에서 말씀을 듣게 하는 원인이 되기 때문입니다. 그러나 잠시 푹 자고 나면 정신이 맑아져 나머지 10~20여분의 설교는 잘 듣게 될 수도 있기 때문입니다.

만일 사탕이라도 준비하여 잠에서 깨어난 남편의 손에 남몰래 드릴 수 있다면 더욱 현숙한 아내일 것입니다. 물론 그 사탕을 조용히 먹지 못하고 깨물어 먹는 남편이라면 세상이 감당할 수 없는 분이지만 말입니다. 당황하는 분을 황당하지 않도록 인도하는 지혜는 세상의 그 무엇과 바꿀 수 없는 보배입니다.

23
대표기도 야화(夜話)

어느 교회에 주일오전예배 대표기도를 짧으면 25분, 그리고 길면 32분 하시는 장로님이 계셨다고 합니다. 한 여름 주일날, 만일 그 장로님 기도 차례가 되면 온 교인들이 입신상태에 들어간다고 합니다.

그런데 그 주일날은 정기 제직회가 있는 날이라, 할 수 없이 목사님께서 그 장로님에게 좀 짧게 기도해 주실 것을 부탁하였다고 합니다. "네, 목사님, 알았습니다!"라며 씩씩하게 대답하시기에 굳게 믿었다고 합니다. 그러나 믿는 도끼에 발등 찍히고, 믿는 호미에 손가락 부상당한다고 하지 않습니까?

그 날 역시 기도내용을 줄이지 않고, 평소 대로 하시는 것입니다. 어느 덧 15분이 지나, 할 수 없이 목사님이 조용히 다가가 슬그머니 양복 소맷자락을 끌어 당겼다고 합니다. 그러나 아무런 반응 없이, 태연하게 "다음으로는 선교사님들을 위하여 기도합니다! 해외에 계시는…." 이라며 기도하시는 모습이 영락없는 32분짜리 기도였다고 합니다.

그래서 이번에는 좀 더 강하게 잡아당기리라는 각오로 다가가 힘차게 소맷자락을 두 번 끌어당기자, 그 장로님께서 그 때에는 이렇게 대답하시더라는 것입니다. "에잇! 글쎄, 알았다니까!" 물론 그 장로님께서 악한 성품을 가지고 계셔서 그토록 길게 대표기도하시는 것은 아닐 것입니다. 다만 짧게 해야 할 이유와 짧게 기도하시는 방법을 잘 모르시기 때문일 것입니다.

만일 주일 '대표기도'를 짧게 하지 않으면, 많은 교인들에게 '대포기도'가 되고 맙니다. 즉 교인들에게 공포의 시간을 만들어 가는 장본인이 되는 것입니다. 예배 중 본인이 주무시는 것도 하나님께 죄송한 일인데, 참석한 교인들에게 잠시라도 주무실 수밖에 없는 원인을 제공하는 것도 예배 방해죄가 될 수 있지 않을까요?

또한 짧게 기도해야 할 이유는 회중을 대표하는 기도이기 때문입니다. 예배에 동참한 교인들은 신앙 뿐 아니라, 육체를 가지고 있는 분들입니다. 그 분들이 대표기도자의 기도에 집중력과 간절함으로 동참할 수 있는 시간은 여름은 3분이요, 겨울은 5분정도이기 때문에 짧게 해야 합니다. 만일 대표기도가 예배드림에 대한 감사와 지난 한 주간의 삶을 바라보며 드리는 회개 그리고 하나님의 말씀을 대언 하실 목사님에게 말씀과 성령이 충만히 역사하시기를 원하는 기도가 주된 내용이 된다면 너무나 쉽게 적당한 길이의 기도를 드리는 자신을 발견하게 될 것입니다.

그래서 대표기도를 '목회기도'라고 지칭하는 교회도 있습니다. 또한 짧지만, 알차게 대표기도 하는 방법도 있습니다. 그 첫째는 댁에서 시계를 앞에 놓고 미리 기도해 보시는 것입니다. 둘째는 기도내용을 기록한 종이를 가지고 단에 올라가 읽으시는 것도 참으로 유익할 것입니다. 셋째는 동참하는 아내나 자녀들에게 자신의 기도길이와 내용에 대하여 솔직히 이야기 해 줄 것을 부탁한다면, 조만간 너무나 귀한 대표기도자로 성장하실 수 있을 것입니다.

간식기도를 아이스크림이 다 녹을 때 까지 하는 일이나,

식사기도를 다시 국을 데워야 할 정도로 하는 일 그리고 전도회, 구역예배 개회기도를 10분씩 하는 일들은 결코 애교로 볼 수 없습니다. '식혜'는 '나무식해!'의 준말이라고 합니다. 왜냐하면 우리 하나님은 질서의 하나님이시기 때문입니다.

24
잠 귀신을 물리쳐라!

천주교회는 의식 중심의 미사를 드리지만, 개신교회는 말씀중심의 예배를 드리지 않습니까? 그런데 때로는 말씀 선포자의 준비미비로, 혹은 듣는 교인들의 영적상태의 빈곤함으로 설교시간이 지루한 3류 영화 보는 시간과 같을 수 있습니다.

그런데 담임목사님께서 주일설교만 하시면 거의 대부분의 교인들이 졸거나 딴청을 부리는 교회가 있었습니다. 물론 그 목사님의 설교는 정말로 긴 설교로 유명하였습니다. 길다 보니 내용도 산만한 것은 당연하였습니다.

그런데 그 주일은 정말로 이상한 일, 기적 같은 일이 생겼습니다. 그것은 온 교회 교인들이 다른 주일과 달리 모든 시선을 설교하시는 담임목사님 쪽으로 고정시키는 것이 아닙니까? 자신을 향한 집중력을 설교하시는 목사님이라고 느끼지 못하였겠습니까?

오늘 설교는 교인들에게 참으로 은혜가 되는 것 같다는 감격 속에 설교하시다 보니, 평소보다 좀 더 길게 말씀을 전하였습니다. 너무나 기분 좋은 표정으로 사택에 들어오신 목사님은 사모님에게 이렇게 물어보았다고 합니다. "여보, 오늘 내 설교가 은혜로웠던 모양이지? 온 교인들이 꼼짝하지 않고 나를 쳐다보고 있으니 말이야!"

그러자 사모님 대답이 걸작이었습니다. "착각하지 마세요. 오늘 따라 누가 시계를 강대상 뒤 벽면에 걸어 놓았지 뭐에요! 참...."

일부 교인들에게 가을, 겨울과 달리 봄, 여름은 참으로 견디기 어려운 예배순서가 있으니 그것은 바로 설교시간입니다. 별의 별 방법을 다 동원해 보아도 몰려오는 잠을 물리칠 수 없다는 것을 경험한 분들이 그리 적지 않을 것입니다.

 그러나 목사님, 또는 교인 피차간에 상대방을 향하여 조금만 신경을 쓰더라도 이 잠귀신들을 물리칠 수 있을 것입니다. 교회가 전문가의 도움을 받아 예배시간 전, 성도님들 의자에서 간단하게 스트레칭을 하는 것은 참 좋은 방법일 것입니다. 이 스트레칭에는 몇 가지 원칙이 있는데, 일단 몸을 약간 움직이므로 체온을 높이는 것이 좋습니다.

 그리고 각 동작을 5초에서 20초 동안 유지하면서 3회에서 5회 정도 반복하는 것이 좋습니다. 특히 가볍게 목을 좌우로 움직여 주거나, 양손을 바깥쪽으로 깍지를 낀 후에 머리 위로 반듯하게 펴주는 운동이 유익할 것입니다. 그 다음 머리 위로 편 왼팔을 오른쪽 목 뒤로 돌린 다음, 쉬고 있는 오른팔로 왼팔 팔꿈치를 지그시 누르면서 몸을 비틀면 잠을 물리치는데 적지 않은 도움을 받을 것입니다.

 그럼에도 불구하고 잠이 쏟아지면 손톱이나 볼펜 같은 것으로 손바닥이 아플 정도로 자극하는 것도 온전한 정신으로 말씀양식을 받는 일에 유익할 것인데, 그래도 졸음이 물러가지 않거든 잠시 조용히 일어나 예배실 밖으로 나가 공기를 마신 후, 들어오는 것도 결코 나쁜 방법은 아닐 것입니다.

그러나 최선의 방법은 토요일 저녁 늦게, 혹은 주일새벽까지 잠을 자지 않는 습관을 벗어버리는 것이요, 때로는 예배드리는 좌석을 지금보다 앞으로 옮겨보는 것이 놀라운 변화를 체험하는 지름길이 될 것입니다.

그래서 혹 가끔 미련은 있으나, 후회는 없는 예배를 드릴 수 있는 은총을 앞당겨 받으시기 원합니다.

제4부

비타민 같은 유머

1
지도자와 유머
'건물의 창'과 같은 유머

인도의 노리쉬 선교사님은 이런 말씀을 하셨습니다. "나는 유머가 없는 지도자를 만나 본 적이 없습니다. 만일 당신이 지도자인데, 예수님을 통하여 받은 기쁨과 동시에 유머 기능이 없다면 다른 사람들을 제대로 인도할 수 없을 것입니다."

특히 설교자들에게는 지루할 가능성이 있는 설교를 매주 계속해야 하기에 유머 능력을 개발하는 일에 많은 노력을 투자해야 할 것입니다. 그러나 "목사님, 오늘 목사님 설교에 은혜 많이 받았습니다!" 혹은 "목사님, 그 동안 제가 결정하지 못하고 방황하던 일이 있었는데 오늘 목사님 설교를 통하여 해답을 얻었습니다!" 라는 이야기는 듣지 못하고, 혹 다음과 같은 말만 자주 듣는다면 문제가 있는 설교가일 것입니다.

즉 "목사님, 오늘 설교도 참 재미있었습니다!" 라는 이야기 말입니다. 설교는 코미디가 아니기 때문입니다. 그러므로 교인들을 웃기기 위한 유머가 아니요, 전하고자 하는 주님의 진리를 좀더 명확하게 전달하기 위한 도구로서의 유머가 필요한 것입니다. 그러기 위해서는 '건물의 창'을 늘 기억하는 설교가 되기를 노력해야 합니다.

왜냐하면 건물에 창이 너무 없으면 그 건물이 너무 어두워 보이며, 반대로 너무 많으면 중후하게 보이지 않듯이, 설교내용 중의 유머의 비중이 그러하기 때문입니다. 그러면 설교 중에 선용해야 할 유머의 7가지 원리를 살펴보고자 합니다.

1. 유머와 예화는 할 수 있거든 짧게 해야 합니다. 길면 주객이 전도되는 결과가 나타날 것입니다.
2. 특정 지방 사투리를 자주 사용하지 말아야 합니다. 일부 교인들에게 오해를 받을 수 있기 때문입니다.

3. 반응이 좋았다고 다시 사용하지 말며, 동시에 반응이 전혀 없었다고 그 내용을 되풀이 하지 말아야 합니다.

4. 교인들이 그 유머를 듣고 미소를 띠거나 박장대소할 때, 설교자는 웃지 말고 무표정으로 청중을 바라보아야 합니다.

5. 유머 중에 교인들을 웃기고자 하는 이야기는 결코 중간에 말하지 말고, 맨 나중에 하시고, 즉시 다시 본문으로 들어가야 합니다.

6. 아무리 즐거운 이야기라 해도 어느 교인의 실명을 들어서 이야기하지 않는 것이 좋습니다. 그 이유는 그 교인과의 관계가 좋을 때가 아니라 악화될 때, 피차 큰 아픔의 원인이 될 수 있기 때문입니다.

7. 전하고자 하는 진리와 전혀 관계가 없는 유머는 도리어 설교에 해가 됨을 기억해야 할 것입니다.

어느 선배 목사님은 이런 말씀을 하셨습니다. "나는 순교자로서 교수대에 오르는 것 보다, 설교자로서 강단에 오르는 때가 더 두렵다." 라고 말입니다. 그런 것 같습니다. 아마도 설교자로서 이런 '거룩한 부담감'은 은퇴하는 그 날 아침까지 계속될 것입니다. 그러나 적당한 유머는 교인들뿐 아니라, 우리 설교자에게 있는 그 부담감까지 어느 새제거해 주는 좋은 매개체가 될 것입니다.

2
스마일 장로님

세계에서 제일 긴 영어 단어는 무엇일까요? 그 단어의 길이는 무려 1.6Km나 된다고 합니다. 네, Smile입니다. 왜냐하면 1마일의 길이가 1.6Km이기 때문이랍니다.

우리 교회에는 황수관 박사님이 명명한 '스마일 장로님'이 계십니다. 황 박사님은 저희 교회에 4번이나 방문하셨습니다.

첫 번째 말씀 증거 하러 오셨을 때, 맨 앞좌석에 앉으셔서 미소를 머금다가, 때로는 폭소를 금치 못하며, 연세에 비하여 너무나 즐겁게 듣는 분이 계셔서 인상이 깊었다고 합니다. 그런데 폐회 후, 저의 응접실에서 간식을 드시던 중 그 장로님이 들어오시자, "아니, 장로님이셨습니까?" 하고 반가워하면서 그를 위하여 스마일 장로님이라는 애칭을 주셨습니다.

그 일이 있은 지 약 3년 후, 황 박사님은 다시 우리 교회 초청에 응하셨습니다. 강의가 많이 들어 올 때는 하루에 약 280여 건이나 쇄도하였던 황 박사님이십니다. 그러니 방문한 수 없는 교회들을, 또한 만난 수많은 사람들을 어찌 다 기억하실 수 있겠습니까?

그러나 3년 후에 다시 오시는 황 박사님을 저의 응접실 입구에서 맞이할 때, 같이 환영하시는 장로님을 보시더니 주저 없이 외치시는 말씀이 있었습니다. "어, 스마일 장로님이시잖아요? 반갑습니다. 여전히 미소가 아름답습니다!"라고 말입니다.

저는 황박사님의 기억력에 내심 크게 놀랐습니다. 그러나 박사님께서 우리 교회 그 장로님을 오래 기억하실 수 있었던 원인을 금방 알 수 있었습니다. 그 이유는 만나는 수많은 사람들 중에 우리 교회 장로님의 미소가 마음에 오래 남아 있었기 때문인 것입니다. 그렇습니다. 웃음이 담겨있는 아름다운 미소는 자신을 다른 이들의 마음속에 오래 남게 하는 촉진제가 되는 것입니다.

그것이 바로 미소의 효과 중 긍정적이요, 축복의 요소일 것입니다. 그러므로 밝은 미소와 웃음은 인생 성공의 좋은 비결이요, 행복한 삶을 살아가는 첩경이요, 대인관계에서 좋은 인상을 줄 수 있는 지름길입니다. 그래서 그런지 돼지머리도 웃고 있는 것이 값을 더 받는다고 하지 않습니까?

혹시 미소와 웃음이 없는 사람 곁에 사람들이 몰려 있는 것을 보셨는지요? 없었을 것입니다. 웃지 않는 얼굴, 늘 경직된 얼굴 곁에는 사람들이 있으려고 하지 않습니다. 그 결과 사회에서는 '왕따'가 되며, 교회 내에서는 '은따'가 될 확률이 많게 되는 것입니다.

우리들의 계속 얼굴은 변하는데, 4년마다 한번씩 변한다고 합니다. 그리고 우리들의 신체 중, 내 것은 볼 수 있는데 내 것이 아니고 많은 사람들을 위한 것은 볼 수 없다는 말이 있습니다. 아마도 웃는 얼굴은 내 것도 되지만, 내 것이 아닐 수도 있다는 말입니다. 특히 영혼구원 전도사역을 위하여 신앙생활 하는 분들에게는 더욱 자신의 것이 아닐 수 있을 것입니다.

"마음의 즐거움은 양약이라도 심령의 근심은 뼈로 마르게 하느니라"(잠17:22). 웃을 수 있는 환경이 되기에 미소가 담겨져 있는 삶은 누구나 다 만들 수 있는 인생입니다. 그러나 근심할 수밖에 없는 생활 속에서도 임마누엘 하나님을 의지하기에 흘러나오는 미소와 즐거움은 성도들만이 만들 수 있는 삶인 것입니다.

그것이 성도님에게 영육간의 양약이 될 것입니다. 또한 돈으로 계산할 수 없는 엄청난 전도용품이 될 것입니다.

3
입이 비뚤어진 이유는?

삼복더위가 지나 처서가 되면 모기의 입이 비뚤어진다고 합니다.

왜냐하면 서늘한 날씨로 인함이요, 그로 인하여 새로운 녀석인 귀뚜라미가 나타납니다. 그리고 흡혈귀처럼 사람들의 피를 빨아 먹어 배가 통통해진 모기는 가을의 주인공인 귀뚜라미에게 주인공 자리를 내 주게 됩니다.

그런데 귀뚜라미는 앞에 앉아서 임무교대하고 있는 모기의 입이 너무나 이상했습니다. 그래서 "모기야, 너의 입이 왜 그렇게 비뚤어졌니? 무슨 사연이라도 있니?" 라고 물어

보았다고 합니다. 그랬더니 이렇게 대답하더라는 것입니다.

"응, 사람들 때문이야. 사람들은 내가 실컷 자기 피를 빨아먹고 멀리 도망가 있으면 그때서야 가렵다면서 손과 발을 긁거나 허벅지를 비벼대는 것이 아니야. 그 모습이 얼마나 웃기고 재미있는지, 문자 그대로 코미디지. 그래서 통쾌하게 웃다보니 이렇게 입이 비뚤어지고 말았네! 하하!"

미물의 모기까지도 자신의 감정대로 웃고 있는 이 세상에서 우리 인간들이 왜 울고만 지내야 합니까? 왜 그리 슬픈 표정으로만 교회를 출입해야 합니까? 신앙생활을 해야 합니까? 세상 사람들도 웃으면 복이 온다고 하는데 말입니다.

그래서 '쿠르트보네거트'란 분은 "낭패를 보거나 모든 기운이 탕진되었을 때 사람들은 눈물을 흘리거나 어이없다는 듯 웃고 맙니다. 그런데 나는 대체로 웃는 편을 택합니다. 왜냐하면 웃으면 내 얼굴에서 닦아 낼 것이 없기 때문입니다." 라고 말하였다고 합니다. 이 얼마나 수준 높은 이야기입니까?

힘든 삶을 살아가면서도 웃음과 유머를 잃지 않는 분들에게는 하나님께서 주시는 선물인 엔돌핀이 생산되며 강력한 항암물질이 체내에서 생성 된다고 합니다. 우리 민족이 얼마나 웃는 일에 인색하였으면 군사독재체제 아래서는 '스마일 운동'까지 전개하였겠습니까?

웃을 일이 있어 웃는 것은 그 누구라도 할 수 있습니다. 그러나 웃을 수 없는 상황 속에서라도 웃음과 유머를 잃지 않는 분들이 되어야 합니다. 왜냐하면 우리 하나님께서 어려운 현실 속에도 여전히 함께하고 계시기 때문입니다. 합력하여 선을 이루시기 위해서 말입니다.

자신에게 주어진 현실에는 버릴 것이 하나도 없습니다. 하나님 곁에는 쓰레기통이 없기 때문입니다. 어디까지 이르렀든지 그저 감사하시기 원합니다. 찬양하며 기도하시기 원합니다. 여호와 이레 하나님이 앞서가시며 역사할 시간과 공간을 드리시면서 말입니다. 그리하면 그 분의 때에 더 큰 웃음과 감사를 주실 것입니다.

그런 믿음을 가진 분과 그렇지 않은 분의 차이점은 간단합니다. '할 수 있다!'와 '할 수 없다'의 차이점일 뿐입니다.

4
절망, 감사, 웃음은 동격입니다

자신에게 다가오는 삶의 절망을 뛰어넘어 웃음으로 나아가는 몇 단계가 있습니다.

첫째, 웃음을 사랑하는 것입니다. 웃음을 선용하는 가장 좋은 방법은 웃음을 사랑하는 것입니다. 내가 웃음을 사랑하면 그 웃음도 나를 사랑하게 될 것입니다. 그리고 그 웃음은 자신에게 마음의 청량제요, 몸의 보약이 될 것입니다.

둘째, 기쁜 일이 있어서 웃는 것이 아니라, 먼저 웃으므로 기쁜 일을 만드는 것입니다. 그러기 위해 '(현실이) 그럼에도 불구하고의 웃음'을 간직하려고 노력하는 것이 중요합니다. 그러므로 때로는 '일부러', 혹은 '억지로' 라도 웃는 것이 좋습니다. 그럴 수 없다면 다른 사람들의 웃음을 보며 따라 웃는 것도 마음의 양약이 될 것입니다. 웃음은 '비웃음'을 제외하고는 모두 좋은 결과를 만들어 주기 때문입니다.

셋째, 잘 웃는 습관을 가지는 것입니다. 때로는 이미 알고 있는 유머라 할지라도 상대방에게는 마치 그 내용을 처음 듣는 것처럼 잘 웃어 주어야 합니다. 동시에 웃는 얼굴에 침 뱉지 못한다는 말이 있듯이, 별로 웃을 일이 아니더라도 상대방이 재미있게 이야기하면 잘 웃는 습관을 가지는 것이 유익합니다. 그러면 웃다가 복이 오는 것입니다.

넷째, 너무나 우스운 유머를 알고 있거나 듣게 되었으면 혼자 간직하지 말아야 합니다. 머리나 쪽지에 기록하였다가 가족에게 먼저 나누어 주고, 그 다음에는 교인들에게도 이야기 해 주기를 주저하지 않는 것입니다. 그러다 보면 피차간에 유익한 결과를 맛보게 될 것입니다. 내 아내가 가장 잘 실천하는 부분이 바로 이 네번째입니다.

다섯째, 웃는 얼굴을 연습하는 것입니다. 황수관 박사님은 항상 기뻐하는 것이 하나님의 뜻이라는 성경말씀을 접한 후, 웃는 연습을 끊임없이 하시므로 산적 같았던 얼굴이 누구나 부러워할 환한 미소를 가진 분으로 변하지 않았습니까?

우리들의 얼굴은 4년에 한 번씩 바뀐다고 합니다. 그런데 30세 이전의 얼굴은 부모님으로부터 물러 받은 것이나, 30세 이후의 얼굴은 자신이 만들어가야 한다는 것입니다. 그러므로 집안 거울 앞에서, 심지어 공중화장실이나 정차 중인 승용차 안에서 신호를 대기하면서도 웃는 얼굴을 연습하는 것이 좋습니다.

여섯째, 삶의 가장 절망적인 순간에 웃음을 찾아가 만나는 것입니다. 막다른 골목 같은 상황 속에서라도 아직 내 곁에 남아있는 감사거리를 찾을 수 있다면, 그 순간 참으로 유익한 웃음을 만날 수 있을 것입니다. 왜냐하면 절망과 감사 그리고 웃음은 동격이 될 수 있기 때문입니다.

실제로 그런 삶을 살았던 옥중의 사도 바울이 우리에게 이런 말씀을 전하고 있습니다. *"종말로 나의 형제들아 주 안에서 기뻐하라"*(빌3:1상). 그리고 그분께서 고린도 교회 교인들을 향하여 마지막으로 전하시는 말씀도 마찬가지입니다. "마지막으로 말하노니 형제들아 기뻐하라 온전케 되며 위로를 받으며 마음을 같이 하며 평안할지어다"(고후 13:11상).

5
야~옹, 야~옹!

미국의 부시 대통령이 자신이 다녔던 예일대학교에서 명예법학박사 학위를 받을 때 이야기입니다.

그는 거의 2천명이나 되는 졸업생들 앞에서 연설을 하면서 이런 이야기를 하였습니다. "저는 본 대학을 다닐 때 별로 공부를 하지 않고 놀기만 좋아하던 사람이었지요. 그러므로 이 시간, 각종 상을 받는 우수한 학생들의 졸업을 진심으로 축하합니다.

혹 이 자리에 C학점으로 졸업하는 후배학생이 있습니까?

그 학생은 대통령이 될 수 있는 가능성이 있습니다. 왜냐하면 제가...! 그리고 여러분들께서 예일대학의 졸업장을 받게 되면 대통령이 될 가능성이 있지만, 혹 중퇴하더라도 걱정하지 마십시오. 최소한 부통령까지는 될 수 있을 것입니다. '체이니' 부통령이 우리 대학을 중퇴한 분이기 때문이지요."

 부시 대통령은 익살스러운 연설, 유머 감각이 듬뿍 담긴 연설을 하면서 졸업생들과 학부형들 그리고 교수님들에게 몇 번에 걸친 웃음을 선사하였습니다. 물론 박수도 받았지요. 그로 인하여 부시 대통령의 정치노선을 찬성하거나 반대하는 분들 모두를 그 순간만이라도 하나로 만드는 지도자의 능력을 발휘하였습니다.

 부시 대통령 뿐 아니라, 미국 및 서양 사람들은 대체적으로 우리보다 더 유머 감각이 뛰어난 것 같습니다. 그래서 참으로 심각하고 중요한 문제를 처리해 나가면서도 약간의 재치가 있으며, 유익한 유머로 서로에게 다시 한번 그 순간의 자신의 발언과 행위를 살펴보게 하는 그들의 지혜를 우리는 배워야 할 것입니다.

 특히 그 분이 사회 및 교회의 지도자이거든 말입니다. 만일 우리나라 지도자들이 미국 지도자들의 유머의 절반만이라도 배울 수 있다면 얼마나 좋겠는가 하는 생각을 해봅니다. 어느 극단의 보수적인 교회 당회에서 이런 일이 있었다고 합니다. 주일학교 부서 중, 영어주일학교를 신설하는 안건을 처리하는 과정 속에 찬반양론이 있었습니다.

교회는 성경만 가르치는 곳이지 영어실력을 키우는 곳이 아니라는 반론과, 성경과 찬송을 영어로 교육하는 주일학교가 있다면 그들이 하나님을 위하여 국제적으로 사용 받는데 유익한 도구가 될 것이라는 의견이 대립되고 있었습니다.

그 때, 한 중진장로님께서 이런 이야기를 꺼내었습니다. "장로님들, 어느 날 우리 교회 화장실에 있던 쥐가 고양이에게 발견되어 도망하기 시작하였답니다. 젖먹던 힘까지 다하여 지하실 식당까지 도망하였으나 결국 잡혀 먹히게 되었다고 하네요. 그런데 그 순간 쥐의 마음속에 평소에 끊임없이 공부하였던 외국어를 사용해야겠다는 생각이 스쳤다고 합니다.

그래서 고양이 앞에서 용감하게 그 외국어를 말하였다죠.

'야~옹, 야~옹!'이라고 말입니다. 그러자 놀라운 결과가 나타났다고 합니다. 그 고양이가 쥐를 같은 동족인 줄 알고 그냥 가버리더라는 것 아닙니까? 장로님들! 동물들도 그런데 사람이, 그것도 어린 주일학생들이 외국어 하나쯤 어려서부터 배워두는 것은 하나님 나라 확장사역을 위해서도 좋은 일인 듯 합니다."

때로 지도자의 적절한 시기의 알맞은 유머는 경직된 분위기를 바꿀 수 있습니다. 또한 서로에게 조금전보다 더 멀리 보게 할 수 있는 망원경이 될 수 있습니다. 물론 모든 이들에게 유익한 결과를 선물로 줄 것입니다. 가정과 교회 그리고 우리 사회에 이런 변화의 바람이 솔솔 불었으면 합니다.

6
웃어요! 웃어...

어느 부흥사협회 기관지에 기록된 '부흥사가 갖추어야 할 조건들'입니다.

1. 체격이 좋아야 한다.
2. 정력이 있어야 한다.
3. 입담 좋게 말하는 호변이 있어야 한다.
4. 야심도 있어야 한다.
5. 자신만만해야 한다.
6. 임기응변도 잘해야 한다.
7. 과장도 할 줄 알아야 한다.
8. 영웅심도 있어야 한다.

9. 배짱도 있어야 한다.
10. 타락하였던 경험도 한번 정도는 있어야 한다.(?)

이 글을 읽으면서 웃어야 할지, 말아야 할지요? 그러나 강요당하는 웃음을 머금게 됨을 부인할 수 없었습니다. 마치 게오르규의 '25시'의 끝 장면처럼 말입니다. 영화 '25시'에서는 13년 만에 처자와 해후하게 되는 주인공 모리스가 외국인 의용병으로 징집되는데, 죽음과 같은 고생 끝에 결국 귀향하게 됩니다. 귀향 장면에서 모리스로 분장한 안소니 퀸의 바보스러운 웃음이 오래도록 우리들 머리에서 지워지지 않습니다.

왜냐하면 그의 웃을 수도, 울 수도 없는 강요당한 웃음, 아니 웃음 섞인 울음이 터질 것 같았기 때문입니다. 즉 순박했던 농부 모리스는 강제로 소집된 전쟁의 소용돌이 속에서 철저하게 피해자가 되고 말았습니다. 그러나 그 전쟁은 끝이 났으며 귀향하게 되었습니다.

고향의 작은 역 플랫폼에서 모리스는 가족을 만나게 되는데 낯선 아들이 하나 더 있는 것이 아닙니까? 즉 아내가 소련병사로부터 성폭행을 당하여 낳은 아들 녀석이 생글거리며 웃고 있는 것이었습니다. 전혀 예상치 못하였던 현실앞에서 기쁜 줄도 모르고 어리둥절하고 있는 안소니 퀸에게 기자들은 사진기를 들이대면서 웃으라고 합니다. "웃어요! 웃어…"

물론 위의 부흥사 10계명(?)에 동의하시는 부흥사들은 그리 많지 않을 줄로 압니다. 그러나 자기는 일년 내내 부흥집회를 다니는 사람이라고 교계신문에 광고를 내는 분들의 집회일정표를 보면서 그리 내키지 않았던 웃음을 지어 보았던 순간보다, 더 강요된 웃음이 터지고 말았던 순간이 기억납니다. 마치 귀향하던 모리스가 기자들의 웃으라는 소리에 웃음인지 울음인지를 터트리듯 말입니다.

우리들의 목회도 마찬가지일 것입니다. 즉 교인들에게 강요된 웃음이 아니라, 말씀의 깨달음과 회개 후 용서받음의 기쁨으로 웃는 웃음을 선사하는 목회가 되어야 할 것입니다. 혹 자신의 목회현장에서 그런 복된 웃음이 교인들에게 있는가를 확인하고 싶습니까?

주일예배 후 퇴장하시는 교인들의 표정을 보시면 얼마만큼은 읽을 수 있을 것입니다.

7
뭐라고? 못 들었단 말이야!

 어느 젊은 형제, 자매가 으슥한 카페에서 커피를 마시며 이야기 꽃을 피우고 있었습니다. 그런데 자매에게 거부하기 어려운 생리적 현상인 방귀가 나올 것 같았습니다. 그러나 어찌 사랑하는 형제 앞에서 소리를 낼 수 있겠습니까? 순간, 자매는 비밀작전을 계획하였습니다.

 그것은 형제에게 살포시 안겨서 "정말 사랑해!" 라고 크게 외치면서 동시에 방귀를 뀌기로 한 것입니다. 자매 자신이 생각하더라도 정말 감쪽같은 작전이라고 자화자찬하며 즉시 실행에 옮겼습니다.

그리고 커피를 마시던 자매가 자기에게 다가오면서 살며시 안기니 그 형제가 얼마나 황홀하였겠습니까? 그 때 그 자매는 "자기야, 정말 사랑해!" 라고 큰 소리로 말하면서 '뽕!' 하고 그 작전을 실행하였습니다.

 자매의 마음속에 "성공이야, 성공~!"이라며 쾌재를 부르는 순간, 그 형제가 하는 말이 걸작이었다고 합니다. "뭐라고? 네 방귀소리 때문에 못 들었단 말이야! 다시 말해봐!" 순간 피차 잠시 어색한 분위기, 그러나 결국 서로를 바라보며 폭소를 터트렸다는 것입니다.

 이런 이야기를 들으며 웃을 수 있다는 것은 사람만의 특권입니다. 다른 동물들은 울거나 부르짖을 수는 있으나 웃지는 못합니다. 웃음은 사람들의 생활리듬을 윤활하게 하여 건강에도 도움이 된다고 합니다. 옛말에도 '소문만복래'라는 말이 있으며, 또한 한번 웃음에 한번 젊어지고 한번 성냄으로 한번 늙어진다는 말이 있지 않습니까? 심지어 미국의 어느 의학자는 "하루에 15번 웃는 분은 병원에 갈 필요가 없는 분"이라는 연구결과를 발표하였습니다. 이것이 웃음의 미학이요, 웃음의 건강학입니다.

저는 언제인가 때가 되면 우리 교인들의 웃는 모습을 담은 사진전을 개최하고 싶습니다. 일명, '밝은 표정 100선'이라는 제목 아래 말입니다. 지금 우리 성도들이 살고 있는 세상을 '일일생활권'이라고 합니다. 즉 '차가 너무 막혀서 어디를 가나 하루가 걸리게끔 되어 있는 생활권'이라는 말입니다. 그래서 짜증나는 일이 많은 세상살이입니다. 또한 생존경쟁 속에서 살아가는 사람들의 제일 큰 소원은 '만일 다시 태어난다면 식인종으로 태어나는 것'이라는 웃지 못할 이야기가 돌아다니는 세상살이입니다.

그래서 웃을 일이 전혀 없을 것 같은 이 세상, 그러나 그럼에도 불구하고 우리 성도들에게는 웃음이 가득한 얼굴과 삶이 가능합니다. 왜냐하면 우리 하나님께서 우리와 함께 하신다는 절대적인 믿음 때문입니다. "그러나 이 모든 일에 우리를 사랑하시는 이로 말미암아 우리가 넉넉히 이기느니라 내가 확신하노니 사망이나 생명이나 천사들이나 권세자들이나 현재 일이나 장래 일이나 능력이나 높음이나 깊음이나 다른 아무 피조물이라도 우리를 우리 주 그리스도 예수 안에 있는 하나님의 사랑에서 끊을 수 없으리라"(롬8:37-39).

8
이게 아닌데?...

　　　　　어느덧 60대 중반이 넘어가는 집사님 부부가 있었습니다. 부부 중, 아내에게 먼저 건망증이 깊어져 작고 큰 웃지못할 일들이 벌어지곤 하였습니다.

 그런데 어느 날, 아내가 구역모임에서 참으로 재미있는 이야기를 들었습니다. 그 이야기 내용인즉, '원두막'이라는 단어로 3행시를 만드는 것이었습니다. '원', 원숭이 엉덩이는 빨개. '두', 두 쪽 다 빨개. '막', 막 빨개!

 너무나 재미있어 그날 밤 퇴근하고 돌아온 남편에게 들은 이야기를 그대로 들려준다며 삼행시를 시작하였습니다. 그런데 이 아내, 제목부터 틀리기 시작하였습니다. '원두막'을 '원숭이'로 착각하였던 것입니다. 그래서 '원', "원숭이 엉덩이는 빨게." 여기까지는 그런대로 좋았습니다.

'숭', 잘 기억이 나지 않아 더듬거리다가 언뜻 생각나는 대로 "숭하게 빨게" 라고 말하였더니 남편이 빙그레 웃는 것이 아닙니까? 신이 난 이 아내는 마지막으로 '이'를 외치며 삼행시를 마무리 하고 싶었는데 도무지 생각이 나지 않는 것이었습니다. 잠시 머뭇거리던 아내 하는 말, "이게 아닌데?..."

이런 이야기를 서로 나누며 웃을 수 있다는 것은 참으로 행복한 일이요, 혹 경직된 분위기를 반전시키는 좋은 요소입니다. 우리 예수님께서도 참으로 유머 감각이 뛰어나신 분이셨습니다. 예수님께서는 제자들을 각 성에 복음전파자로 파송시킬 때 그들의 긴장상태를 알고 계셨습니다. 즉 처음으로 예수님이 곁에 없이 자신들끼리 복음을 전해야 하는 초조함을 아셨습니다. 또한 종교적 권위를 가진 제사장들의 제자들을 향한 핍박도 주님은 아셨습니다. 권력자 헤롯당들과 학문적 권위를 내세우는 바리새인들의 조롱과 위협도 아셨습니다.

그래서 긴장 속에 말씀을 듣던 제자들에게 이런 유머를 사용하셨습니다. "너희를 영접지 않거든 그 성을 떠날 때에 너희 발에서 먼지를 떨어버려라!"(눅9:5). 주님의 이 말씀을 문자 그대로 해석하는 분은 거의 없을 것입니다. 다만 "혹 너희들이 전하는 복음에 대하여 거절의 뜻을 분명히 하는 사람들 앞에서 기죽지 말아야 한다. 도리어 살며시 미소를 지으면서 경고의 표시로 살짝 발의 먼지를 털고 나오라!" 라는 예수님의 말씀에 제자들 사이에서 폭소가 터져 나왔을 것입니다. 그 말씀을 하실 때 주님의 얼굴표정과 몸짓이 눈에 선하지 않습니까? 제자들의 긴장을 풀게 하며 그들에게 있는 불안감을 떨쳐 버리게 하는 예수님의 유머 사용방법을 소중히 바라보시기 원합니다.

유머는 믿는 성도들 간에 '고명'을 뛰어 넘어 '양념'과 같은 것입니다. 고명이란 실고추, 혹은 잣가루같이 음식에 빛을 내는 것입니다. 그러나 양념은 참기름, 깨소금, 후추가루, 소금 같이 음식에 맛을 내는 것입니다. 술, 담배를 멀리 하는 우리 성도들끼리의 모임에서 적당한 유머는 그 좌석을 맛있게 하는 양념과 같은 것입니다. 양념이 좋아 맛을 내면 성도들은 다시 그 모임을 찾게 될 것이요, 기다리게 될 것입니다.

우리 모두 맛을 내는 양념과 같은 유머를 잘 선용하는 지혜로운 공동체 일원이 되었으면 합니다.

제5부

교회 같은 가정생활

1
안 참으면 어쩔 거네!

냄비 꺼내 탕 끓이네
친정엄마 생각나네
이제부터는 가부좌네
다섯 시간 전 부치네
이제야 동서가 오네
낯짝 보니 치고 싶네
윗사람이 참는다네
혹, 안 참으면 어쩔 거네

진공관 시대를 살아 왔던 쉰 세대들은 신문과 텔레비전에서 주는 일방 통행식 정보에 익숙하였습니다. 그러나 디지

털 시대 흐름 속에서 결혼한 신세대 주부들은 쌍방 통행식 정보에 익숙한 세대입니다. 그래서 그들은 자기표현을 인터넷이라는 첨단문명을 사용하여 위의 글처럼 과감하게 표출하고 있습니다.

왜 명절이 오기 전 그리고 명절이 끝난 후에 적지 않은 여자들이 우울증과 스트레스에 시달리고 있습니까? 아마도 명절이 즐거운 명절이 아니라, 중노동하는 명절로 전락되고 있기 때문일 것입니다. 즉 음식 장만으로부터 평소에는 생각조차 할 수 없는 엄청난 사람들을 위한 접대까지, 여성들은 부엌데기로 취급되어 명절 내내 평소에 당하지 않았던 중노동으로 시달리기 때문입니다.

이로 인하여 어느 덧, '명절 증후군'이란 말이 그리 낯설지 않은 단어가 되었으며, 심지어 명절 후에 이혼율이 급증하고 있는 이런 현실에 대하여 우리 교인들은 어떤 반응을 보이고 있는지요? 특히 '출가하면 그 집 귀신'이란 말 속에는 엄격한 남녀차별의 뜻과 잘못된 전통이 감추어져 있어 명절이 되더라도 며느리는 결국 자기 친정집을 방문하지 못하는 가정들이 있으니 이 얼마나 안타까운 구습입니까?

남편들과 시부모님들이여! 아내와 며느리에게도 그리운 고향과 집이 있지 않을까요? 또한 자신의 부모님이 귀하고 자식이 보고 싶다면, 아내와 며느리의 부모님도 귀하고 그녀의 형제와 가족도 보고 싶은 대상이 아닐까요? 이제라도 본가 및 처가를 함께 방문하는 삶의 개혁을 점진적으로 실천하는 교인들이 되어야 할 것입니다.

'함께하면' 기쁜 명절이 될 것입니다. 그러나 '혼자하게 하면' 고된 명절이 될 수밖에 없을 것입니다. 성경은 이런 말씀으로 우리 남자들을 권면하고 있습니다.

"아내를 얻는 자는 복을 얻고 여호와께 은총을 받는 자라"(잠18:22).
"마른 떡 한 조각만 있고도 화목하는 것이 육선이 집에 가득하고 다투는 것보다 나으니라"(잠17:1).

2
아버지와 유산

모방심리는 어른들에게만 있는 것은 아닙니다. 모방은 주위 환경의 산물이기 때문에 아이들에게도 예외가 아닙니다. 운전을 하면서 난폭 운전하는 분들을 향하여 늘 "에이, 씨... @#$%!" 라며 욕을 하는 아버지가 있었습니다.

아빠와 함께 앞좌석에 앉아 늘 그런 욕을 듣고 있던 4살 난 아들이 어느 날 엄마가 운전하는 차를 타게 되었습니다. 마침 방향지시등으로 진입표시를 하지 않고, 갑자기 들어오는 차량이 있자, 어린 아들의 입에서 조금도 주저 없이 튀여 나오는 말이 있었답니다. "에이, 씨... @#$%!" 라고 말입니다.

 또한 아빠의 모습을 모방하는 자녀들에게는 자신의 아빠를 향한 날카로운 판단의 눈도 있음을 명심해야 할 것입니다. 어느 집사님 댁에서의 일입니다. 그 집 아빠 집사님은 집에서 식사기도를 하지 않는 분 이었습니다. 그러니 당연히 어린 딸도 기도하지 않고 밥을 먹는 것이 당연한 일이었는데, 하루는 장로님 댁으로 저녁식사 초대를 받게 되었습니다.

 온 가족이 함께 장로님 댁으로 가서 영접을 받은 후, 식사 시간이 되었습니다. 그러자 그 집사님이 식탁 앞에서 경건하게 두 손을 모으고 식사 감사기도를 하는 것이 아닙니까? 어린 딸은 너무나 이상하고 어색하였습니다. 그래서 집으로 돌아오는 차에서 아빠에게 질문을 하였습니다.

 "아빠, 아빠는 집에서는 기도하지 않으면서 왜 장로님 집에서는 식사기도를 하는 거야?" 잠시 머뭇거리던 아빠 집사님은 더듬거리며 이렇게 대답하였다는 것입니다. "응, 그건 우리 집에서 먹는 식사는 우리가 돈을 드려서 만든 것이지만, 장로님 댁에서 먹는 것은 공짜잖아? 공짜! 얼마나 감사한 일이냐? 그래서 기도를 한거지 뭐..."

자기 아이의 신앙교육을 제대로 시키는 분인지 잘 모르겠습니다. 그러나 분명한 것은 늘 집에서 저를 당회장 목사님으로 호칭하던 부목사님 가정으로 전화를 드리면 아이들이 "당회장 목사님께서 전화하셨어요!" 라며 바꾸어 줍니다. 그러나 이건영 목사님으로 호칭하던 부목사님 가정의 아이는 그렇게 저를 부르며 전화를 바꾸어 줍니다.

그러므로 아버지로서 오늘 우리가 하는 언행은 우리들 자녀의 미래를 기록하는 것과 같습니다. 잉크나 종이가 아닌, 우리들의 삶으로 기록하는 것입니다. 그리고 우리 아버지들이 죽고 나면 어떤 형태로든 그것이 자녀들을 향한 유산이 될 것입니다. 물론 그 유산들 중 일부는 법적상속이 가능한 동산, 토지, 주식 혹은 통장이 될 수 있을 것입니다.

그러나 진정 하나님을 만복의 근원으로 경외하는 아버지라면, 무엇보다도 믿음의 유산을 남겨 주어야 할 것입니다. 즉 먼 훗날, 자녀들이 돌아가신 아버지의 믿음의 건덕을 추억하면서 감사의 눈물을 흘릴 수 있는 신앙생활의 유산 한두 가지는 남겨 주고 가야 하지 않을까요?

가장 훌륭한 아버지는 자녀들에게 믿음의 유산을 남겨 주는 분이라고 말할 수 있습니다. 물론 아버지 역할은 아무런 보상도 보장되어 있지는 않습니다. 보상받을 때쯤 되면 이 세상을 떠나야 하기 때문입니다. 그럼에도 불구하고 십자가를 지셨던 예수님처럼 믿음의 아버지로서 자식에게 남겨줄 좋은 믿음의 유산을 위해 자기 십자가를 잘 감당하시기를 동료 아버지로서 기도드립니다.

3
잡초는 뽑아주는 것이 좋습니다

🌱

어느 TV 방송에서 방영하였던 '전파견문록'이라는 프로는 아이들의 기상천외한 이야기들로 가득 찼었습니다. 그 가운데 몇 가지를 들어보시겠습니까?

이것은 아래랑 위랑 바뀌면 안돼요. - 인어공주
이것은 작지만 들어 있을 것은 다 있어요. - 씨앗
이 사람이 가고 나면 막 혼나요. - 손님
이 사람은 물에 들어갔다 나와도 절대 옷이 안 젖어요.
- 산신령
엄마가 일어나면 아빠는 책을 봐요. - 노래방
큰 것은 엄마가 갖고 작은 것은 내가 가져요. - 세뱃돈 어린이들은 학교에서 하고 어른들은 놀면서 이것을 해요.
- 템버린

항상 맛있다고 하고 맛없다는 사람은 아무도 없어요. - 광고내용

어린 아이들에게 있는 이런 전혀 예상치 못한 상상력은 어른들이 당황하거나 감탄할 정도입니다. 그래서 어느 목사님 가정에서도 이런 일이 있었다고 합니다. 어느 날 두 명의 어린 딸들이 아빠에게 이런 궁금증을 말씀드렸다고 합니다. "아빠, 교회 우리 반 선생님이 예수님께서 항상 우리 곁에 계시다고 하는데 그럼, 어디 계시는 거야? 내 눈에는 보이지 않는데 말이야..."

아빠 목사님은 사랑스러운 표정으로 "응, 예수님은 우리 안에 늘 계시면서 우리를 인도해 주시는 좋은 분이야. 알겠니?" 라고 대답을 해 주셨습니다. 그런데 그 후로부터 큰딸이 집 안에서 돌아다닐 때 발꿈치를 들고 조심스럽게 다니더라는 것입니다. 왜냐구요? 자기가 뛰어 다니며 놀면 예수님이 멀미하시다가 토하실 것이기 때문이라는 것입니다.

뜨겁고 매운 라면국물을 마시며 그 말을 듣고 있던 작은 딸이 화들짝 놀라며 하는 말이 더 걸작이었다고 합니다. "어머, 우리 예수님 뜨거운 라면 국물에 머리 데시고, 매운 국물에 혼수상태 되시겠어요. 아빠, 어떡해요?" 라고 말입니다.

그러나 이런 어린아이들의 기발한 상상력에는 긍정적인 면과 부정적인 면이 공존하고 있습니다. 그러므로 적절한 인도와 가르침이 필요합니다. 특히 신앙적인 지도의 중요성은 더 이상 강조할 필요가 없을 것입니다.

물론 어린 시절에 어느 한 방향으로 편견을 갖게 하는 종교교육이 되어서는 안 된다는 불신학자들의 주장도 있음을 부인하지는 않습니다. 그럼에도 불구하고 자신이 사랑하고 아끼는 정원에 있는 잡초는 빨리 뽑아 주면 줄수록 유익하지 않겠는가 하고 묵상해 보셔야 합니다. 정원의 잡초를 뽑아주는 것이 그 정원의 자유를 침범하는 것은 결코 아닐 것입니다. 정원으로서의 본분을 다하며, 좋은 열매를 맺어 피차간에 유익된 결과를 얻게 될 것이기 때문입니다.

참으로 궁금증과 상상력이 풍부한 자녀들을 향하여 신앙

교육 농사를 잘 짓는 부모님들이 되시기를 기도드립니다.

4
잔소리

🐍

회사 일을 끝낸 동료들이 함께 퇴근하고 있었습니다.

그런데 김 대리가 두리번거리더니 거리에서 음식을 파는 포장마차로 가는 것이었습니다. 혹 저 친구가 오늘 간단한 간식을 사는 모양이라고 생각한 동료들은 기대에 찬 눈빛으로 김 대리를 기다렸습니다.

드디어 떡볶이, 순대, 군밤 그리고 쥐포 등을 한 아름 들고 나오는 김 대리에게 동료들은 "야, 우리 이거 저 벤치에 앉아 나누어 먹자!" 라고 제의하였습니다. 그 때 김 대리 하는 말, "아니야, 이것 우리 마누라 갔다 줘야 해!" 라고 하는 것이 아닙니까?

"아니, 그렇게 많은 간식을 마누라가 혼자 다 먹는단 말이야?" "좌우간 이렇게 사들고 가야 오늘 밤 내가 편안하게 지낼 수 있거든..." "아니, 그럼 그렇게 많이 사들고 가지 않으면 너 혼난다는 말이야?" "그게 아니라..... 우리 마누란 꼭 뭘 먹을 때에만 잔소리를 안 하고 조용히 있거든.... 그런데 다 먹기만 하면 또... 휴~우!"

잔소리란 '듣기 싫도록 늘어 놓는 잔말', 또는 '꾸중으로 이리저리 하는 말'이란 뜻이 있습니다. 영어로도 'small talk' 또는 'small complaints' 라고 표현하니 그리 유익한 뜻 같지는 않습니다.

그러면 왜 일부 아내들의 잔소리가 위험수위를 넘고 있는 것일까요? 그 첫째는 자녀들과 남편의 위치를 착각하고 있기 때문입니다. 즉 마치 남편을 아이들처럼 교육, 혹은 교훈하여 개조해 보려는 착각 때문입니다. 그러나 남편은 사랑해야 할 대상이지, 변화시킬 대상이 아닙니다. 더딘 것 같으나 자신의 삶과 신앙을 바탕으로 사랑하면 결국 변화하게 될 대상입니다.

 둘째로는 남편을 아내인 내가 생각하고 기대하는 수준으로 옮겨 놓으려고 하니 잔소리의 질과 양이 더하는 것입니다. 그러나 생리적, 신앙적, 사회 환경적 혹은 성장 배경으로 볼 때 남편이 자신과 다름은 다름이지 결코 잘못된 것이 아님을 인정하는 여유가 필요하지 않을까 생각해 봅니다.

 물론 남편들의 잘못을 묵인하고 살라는 것은 아닙니다. 다만 우리들은 주님께서 하늘 보좌 버리시고 낮고 천한 이 땅에 오신 것을 믿는 여성도들이라는 것을 상기해 보자는 것입니다. 또한 하나님과 동등한 위치와 특권을 버리시고 우리들의 죄를 대속하시기 위하여 인간의 육신을 취하여 오신 예수님을 따르는 분들이 바로 여성도들임을 기억해 보아야 한다는 것입니다.

 그러므로 이제는 남편을 위하여 도리어 아내인 자신이 성육신하는 삶을 추구해야 할 것입니다. 그럴 때 전과 달리 잔소리는 줄어들고, 이런 말을 자주하게 될 것입니다. "그럴 수도 있지..", "내가 말썽꾸러기 아들 하나 더 두었다고 생각하지....", "남자들은 아무리 나이를 먹어도 어린애와 같지 뭐..." 라고 말입니다.

이는 자포자기가 아닙니다. 예상치 못할 남편의 변화를 앞당겨 맛 볼 비결입니다.

5
양 손가락을 기억하세요!

어느 집사님 내외분이 심하게 부부싸움을 하였습니다.

말없는 냉전의 기간이 며칠동안 계속되어 심지어 자녀들도 불안한 나날을 보내고 있었습니다. 원래 늦잠을 자던 남편은 지방출장으로 다음날 새벽5시에 일어나야 했습니다.

아침에 일찍 깨워달라는 말조차 하기 싫은 남편은 종이에 이런 메모를 적어 침대에 던져 놓고 먼저 잠을 청하였습니다. "내일 새벽 5시에 깨워주시오!"

그리고 다음날 아침이 되었습니다. 그 남편이 좀 이상한 느낌이 들어 화들짝 놀라 일어나 보니, 아니 벌써 아침 7시가 넘어가는 것이 아닙니까? "아니, 이 여자가? 정말 사람 죽이네..." 라며 허겁지겁 일어나다 보니, 침대 베개 옆에 종이 한 장이 놓여 있었다고 합니다. 그리고 그 종이에는 이런 간단한 글이 적혀 있었다고 합니다. "여보, 일어나요. 5시에요!"

오른손과 왼손이 합쳐지는 모양을 연상해 보시기 원합니다. 그리고 오른손을 남편으로, 왼손을 아내라고 가정해 보시기 원합니다. 또한 각 손가락의 끝은 부부 서로의 장점이라고 생각해 보며, 각 손가락 사이의 골은 부부 각자의 약점이라고 가정해 보시기 원합니다.

물론 오른손 손가락과 왼손 손가락이 마주쳐 연합을 이루어 하나가 되어지는 모습을 볼 수 있으나, 언제든지 그 둘은 떨어질 확률이 높습니다. 그러나 오른손가락이 왼손 골짜기에 꽉 끼고, 왼손가락은 오른손 골짜기에 꽉 끼어 있을 때, 비로소 양손은 아주 단단히 결속되어 웬만해서는 떨어지지 않게 됩니다.

그런 단단한 결속이 바로 정상적인 남편과 아내의 연합인 것입니다. 다시 말해서 남편의 장점이 아내의 약점을 덮을 때, 그리고 아내의 장점이 남편의 단점을 덮을 때, 부부의 연합은 사탄의 웬만한 악한 역사와 살아가는 주위 환경의 영향으로 인하여 갈라지거나 파괴될 수 없을 것입니다.

그리고 피차간에 그런 덮어줌으로 인하여 부부싸움의 횟수는 줄어들게 될 것이며, 오히려 대화의 시간은 많아져 어느 덧 신혼 초의 즐거움과 행복을 되찾게 될 것입니다. 그 때 비로소 그 자녀들도 가정에서 안정된 삶을 누리게 되며, 앞으로 자신들의 결혼상대자 선정의 기준이 바로 자신의 부모가 되는 축복을 받게 될 것입니다.

그것이 바로 자신의 배우자를 '예수 그리스도와 같은 방법'으로 사랑하는 부부가 되는 첩경입니다. "우리가 아직 죄인 되었을 때 그리스도께서 우리를 위하여 죽으심으로 하나님께서 우리에게 대한 자기의 사랑을 확증하셨느니라" (롬5:8). 이제 부부싸움을 하게 되는 순간, 꼭 먼저 자신의 양 손가락을 보시고 그 교훈을 상기하는 지혜로운 부부가 되시기를 소원합니다.

6
교회놀이 하고 있는 거에요, 아빠!

어느 젊은 장로님께서 경건서적을 읽고 계셨습니다. 사시는 곳이 개인주택이라, 창 밖으로 아이들의 노는 소리가 들렸습니다. 그 떠드는 소리들 중에 물론 자신의 아들 목소리는 더욱 분명하게 들렸습니다.

그런데 모여서 이야기하던 소리가 점점 큰소리로 변하였습니다. 그러더니 화난 목소리, 분을 못 참는 목소리, 드디어 욕하는 소리까지 들리는 것이 아닙니까? '어, 이거 싸움 되겠네...' 하는 생각에 읽던 책을 덮어 두고 창문을 열었습니다. "애들아, 그만 놀아라. 그러다가 싸움판 되겠다. 그런데 무슨 일이라도 있는 거야?" 라며 자신의 어린 아들을 쳐다보았습니다. 그랬더니 그 아들 대답이 걸작이었습니다. "아빠, 우리들이요, 그냥 교회놀이 하고 있는 거에요. 뭐 잘못된 것 있어요?"

 서울 대학로 마로니에 거리에서 젊은 두 청년이 뒤엉켜 싸우고 있었습니다. 너무나 격한 싸움이기에 감히 누구도 그들 곁으로 가서 말릴 수 없었습니다. 코피가 터졌습니다. 드디어 얼굴이 찢어져 피가 흐르기 시작하자, 구경하던 사람들의 웅성거림이 더 커져 갔습니다. 그런데 그 때 구경하던 무리들 중에 어느 한 중년신사가 불쑥 튀어 나오더니 맹렬히 싸우는 청년들에게 이렇게 소리를 쳤다고 합니다. 한심스럽다는 표정으로 말입니다. "야, 이 녀석들아, 여기가 교회인 줄 알아! 싸움은 예배당에서나 하는 것이지 말이야...."

 불신자들이 하는 말들이 있습니다. "아니, 교회에 다니면서 싸우려면 왜 다녀? 나 같으면 그만 때려 치우겠다!" 라고 말입니다. 창피합니다. 그러나 죽은 것들은 싸울 수 없지 않습니까? 살아있기에 갈등과 다툼이 있지 않을까 하는 생각에 아직은 지상교회에 소망을 두는 것이 잘못된 것은 아닐 듯 합니다.

그럼에도 불구하고 일부 교회에서 왜 교인들 간에 다툼과 갈등이 있을까요? 아직 '덜 익은 성도'들이 있기 때문입니다. 즉 덜 익은 과일이 먹는 사람들에게 불쾌감을 주듯이, 소위 능력은 받은 듯하나, 성결하지 못한 교인들이 적지 않기 때문입니다.

그런 분들은 찬송가도 잘하고 유행가 잘하는 교인, 방언도 잘하고 욕도 잘하는 교인, 성찬용 포도주도 잘 마시고 소주도 두 세병은 기본인 교인, 기도도 잘하고 불평도 잘하는 교인들입니다. 이런 교인들을 영어로는 '컴비네이션 교인', 중국어로는 '짬뽕교인', 일본어로는 '후로꾸 교인', 그리고 저의 표현으로는 '덜 익은 교인이'라고 말씀드리면 지나친 표현일까요?

교인으로서 능력 받는 것만큼, 중요한 것은 성결케 되는 것입니다. 성별은 구별과 쌍둥이입니다. 그러면 성결한 교인들은 어떤 특징이 있습니까? 한마디로 지는 것이 이기는 것임을 아는 교인들입니다. 마치 우리 예수님께서 십자가에서 패배하시는 것 같았으나, 결국 부활하여 승리하신 것 같은 교회생활을 추구하시는 분들입니다.

성도님은 지금 몸과 마음에 예수의 흔적이 얼마나 계신지요?(갈6:17) 예수님처럼 살아가고자 작정하셨기에 일부러 지신 흔적이 얼마나 계신지요? 그 흔적이 결국 상급을 받을 보증수표가 될 것입니다.

7
입장을 바꾸어 생각합시다!

혹 성도님들께서 중·고등학교 시절, 수학여행 중에 들어가 보았던 절이 생각나시는지요?

입구부터 무섭기도 하고 이상하기 짝이 없는 벽화들이 이질감을 주었던 기억 그리고 자비한 얼굴이라고 하는데 결코 자비해 보이지 않는 부처님의 얼굴 또한 먹었던 아침식사까지 토하여 낼 듯한 야릇한 향 내음 등은 그리 산뜻한 추억으로 간직되어 있지는 않을 것입니다.

저는 그 절에서 이런 멍청한 생각도 해 보았습니다. 그것은 부처님이 생각보다 너무 뚱뚱하다는 것이었습니다. 다

이어트가 필요한 몸매였음을 기억하고 있습니다. 아마도 예수님은 각처를 걸어 다니시며 전도하셨기에 몸매가 날씬하셨으나, 부처님은 늘 앉아 계셔서 비대해지지 않았을까 하는 해석도 스스로 해 보았습니다.

마찬가지로 평생 교회근처도 와 보지 않았던 새신자가 처음으로 본당을 들어올 때 기분과 느낌이 마치 저의 어렸을 때 추억과 비슷하지 않을까 하는 추측을 해 봅니다. 그래서 찬송을 부를 때 꽤 지루함을 느낄 것입니다. 왜냐하면 유행가는 대개 2절로 되어 있는데, 찬송은 보통 4절, 어떤 것은 5절로 되어 있기 때문일 것입니다. 또한 어쩌다가 3절까지 있는 찬송을 부르게 될 때에는 조금은 위안이 되는데, 갑자기 "우리 2절과 3절을 다시 한번 부릅시다!"라고 목사님이 말씀하시면 정말 뛰어 나갈 수도 없고, 답답하기 그지없을 것입니다.

또한 새신자들에게 장로님의 대표기도는 참으로 길고 지루할 것입니다. '무슨 할 말씀이 저리 많으실까? 이거 오늘 내로 끝내실 것인지? 아니지... 이왕 교회에 들어 왔으니 좋은 마음을 가지고 앉아 있어야지. 아마도 저 장로님께서 지금 당황하셔서 어느 부분에서 기도를 끝내야 할지를 모르

시기에 저렇게 길게 하시는 것이겠지 뭐...'

또한 설교는 또 어떻습니까? 그 짧은 대통령 연두교시도 다 듣지 못하고 채널을 바꾸던 사람이 알아듣지도 못할 내용, 왜 이리 교회 연설이 긴지요? 그리고 왜 저리 소리를 지르시는지요? 아마도 어젯 밤 사모님하고 부부싸움을 하신 모양일까요? 그래서 초신자 때처럼 설교 중에 시계를 많이 쳐다보던 기억도 아마 없을 것입니다.

그러므로 우리들은 찬송시간에 찬송을 부르지 않고 계신 새신자에게 위압적인 눈길을 주지 말아야 합니다. 기도시간 혹은 설교시간에 조시거나 주무시는 새가족들을 도끼눈으로 쳐다보지 않는 것이 예의일 것입니다. 혹은 곁에 앉아 계신 분의 옷에서 담배냄새가, 또는 입에서 술 냄새가 나더라도 자주 헛기침하며 불쾌한 모습을 보이지 않도록 해야 합니다.

우리 모두 난생 처음 절에 들어갔었을 때의 어색함과 심지어 알레르기 반응을 일으켰던 것을 기억하며, 늘 입장을 바꾸어 생각하고 행동하는 성숙함이 필요합니다. 멀리 가서 전도하지 못한다 하더라도, 이미 교회에 들어오신 그 분들을 향한 작은 배려가 먼저 믿는 우리 성도들의 좋은 경건이요, 전통으로 계속 이어졌으면 합니다.

8
주의 종과 같은 이불을 덮어 주무셨다

목사님이자 남편을 향한 지극정성으로 소문난 연세 많으신 사모님이 계셨습니다.

그 분은 남편을 목사님이란 호칭 외에는 결코 불러 본 적이 없는 80이 넘어가는 사모님이셨습니다. 목사님이 조금만 피곤해 보이시면 직접 자신이 숟가락을 떠서 식사를 드시게 하셨으니 보통은 넘으시는 분이셨습니다. 특히 심방을 같이 가실 때에는 가방에 꼭 가위를 넣고 다니셨습니다. 그 이유인즉 너무 딱딱하거나, 긴 음식이 나오면 그것들을 잘라서 남편 목사님께 대접하기 위함이었습니다.

심지어 목사님의 팬티를 구입하시면 그대로 입도록 하지 않으신 분이었습니다. 왜냐하면 팽팽한 고무줄로 인하여 목사님 피부에 좋지 않은 영향을 줄 수 있다는 염려 때문이었습니다. 그래서 그 팬티 고무줄을 다 빼고, 본인이 직접 준비한 더 연한 고무줄로 바꾸어 드리곤 하였습니다.

일반 교인들이 들으면 감동받을 이야기이지만, 실제로 그 목사님 댁 며느리들에게는 참으로 난감할 수도 있는 일이었습니다. 세대도 바뀌었고, 그럴 능력도 없어 시어머님처럼 남편들을 모실 수 없었기 때문이었습니다. 그런데 마침 그 집 며느리들의 두 남편이 다 목사님이었으니, 시어머님이 가르치는 교훈을 받을 때 때로는 괴롭기도 하였습니다.

그런데 어느 날 둘째 며느리가 시어머니와 조용히 대화할 기회가 있었습니다. "어머님, 저희들은 정말로 어머님처럼 남편인 목사님을 모실 수는 없을 것 같아요. 그리고 솔직히 어머님께서 지나치게 잘 모시니까 아버님도 그것이 당연하신 줄 알고 때때로 어머님을 속상하게 하는 언행을 하시지 않아요?" 라고 며느리가 말씀드렸습니다.

그러자 시어머님은 이렇게 대답을 하셨습니다. "애야, 그래도 그 분은 주의 종이 아니냐. 주의 종을 섭섭하게 하면 하나님이 기뻐하시지 않는단다. 나는 일평생 그분을 남편이라고 생각해 본 적이 없어. 다만 주의 종이라고만 생각하고 살았다니까…" 그 때 그런 말씀을 듣고 있던 둘째 며느리가 대답한 말이 무엇인지 아시는지요? "아니, 그럼 어머님. 어머님은 일평생 그리고 날마다 주의 종과 같은 이불을 덮고 주무셨다는 말씀이세요? 망측하시기도 하셔라…"

요새 일부 며느리의 말솜씨와 번뜩이는 지혜를 과연 어느 시어머님이 따라 갈 수 있을까요? 조용한 말로는 이길 수 없어서 그렇게 시모들의 목소리가 커졌는지 모르겠습니다. 또한 반대로 말수가 줄어드셨는지 모르겠습니다.

젊음과 자기주장은 현대를 투쟁적으로 살아가는 이들의 쌍칼과도 같습니다. 그래서 개성과 자기만의 색깔을 가지고 현실 사회를 뚫고 싸워 나가 승리해야 합니다. 그러나 그 쌍칼을 주저 없이 집안 어르신들에게 휘둘러 피차간에 아픔의 상처를 더욱 깊게 만들고, 결국 고름이 생기게까지 할 필요는 없을 것입니다.

집안 어르신들의 삶의 간증을 잘 흡수할 수만 있으면 그

것이 젊은이들에게 오늘을 더욱 좋은 방향으로 살아가게 하는 나침반과 같은 교훈이 될 수 있을 것입니다.

9
대변상추쌈

참 사이좋게 지내며 자신들의 역할을 잘 감당하던 코와 눈이 어느 날부터 오해로 인하여 사이가 악화되기 시작하였습니다.

그래서 코는 눈을 향하여 이렇게 빈정거리기 시작하였습니다. "얼굴에 비해서 너무나 쑥 들어가고, 찢어져 있는 너 때문에 주인님이 거울을 볼 때마다 얼마나 안타까워하실까? 그나마 내가 오똑하게 솟아 올라있기 때문에 주인님이 위로를 받고 계실거야!"

그러자 눈이 화가 나서 이렇게 소리쳤습니다. "다른 것의 약점을 들쳐 내어 떠들고 다닐 줄은 알면서도 장점은 도저히 보지 못하는 이 코야! 그래, 너 어디 한번 당해 볼래?" 그러더니 눈이 갑자기 눈을 감아버렸습니다.

 아니나 다를까, 얼마 걷지 못하여 돌부리에 넘어져 코에서 코피가 흐르기 시작하였습니다. 정신없이 흘러나오는 코피를 바라보는 코의 마음속에 주체할 수 없는 분노가 밀려왔습니다. 지난 날 자신이 각종 냄새를 맡아 주어서 좋은 것은 먹고 나쁜 것은 먹지 않을 수 있었던 눈, 그래서 그만큼의 건강을 유지할 수 있었던 눈이 그렇게 괴씸할 수가 없었습니다.

 그래서 코도 눈을 골탕 먹일 기발한 생각을 만들어 내어 실천에 옮겼습니다. 그것은 대변을 쌈장처럼 위장하여 식탁에 올려놓은 것이었습니다. 좀 엽기적이고 지저분한 방법이지만 말입니다. 그러자 볼 줄만 알았지 냄새를 전혀 맡을 수 없는 눈은 "이 더운 여름에 웬 먹음직한 쌈장이란 말이야!" 라고 좋아하며 대변상추쌈을 먹었다는 우화를 들어 보신 적이 있으신지요?

 아마도 어느 집 고부간의 관계를 보는 듯 하다고 생각하는 분이 계실지 모르겠습니다. 처음에는 피차 노력하는 것 같았는데, 요즈음은 그 집 담 넘어 들리는 소리가 눈과 코 이야기 같다는 생각이 드는 분들이 계실지 모르겠습니다. 아직도 같이 살아갈 날이 새털처럼 많이 남은 사람들 인데 말입니다.

혹 그런 고부간의 이야기가 자신의 집안 이야기라고 하면, 이제라도 예수님의 생활을 자신의 삶에 적용하고자 하는 몸부림이 있어야 할 것입니다. 신앙은 실천이기 때문입니다. 결코 정신이 아닙니다. 우리 주님의 삶은 하나님 중심, 타인 중심이었습니다. 그리고 그런 삶을 실천하셨던 예수님께서 자신을 소개할 때, 섬김을 받기보다는 섬기러 온 종으로 말씀하셨습니다.

그러므로 관계갈등에서 조금이라도 해방될 수 있는 것은 섬김의 삶 밖에 없음을 기억해야 합니다. 지하철에서 진짜 잠을 자고 있는 청년을 향하여 적지 않은 소리로 못된 녀석이라고 말씀하시는 어르신을 보면서, 무조건 어르신들을 공경하라는 것보다는 이제는 어르신들도 바뀌어야 할 때임을 알게 되었습니다.

동시에 시어머님에게 만일 홀로 나가 사시겠다면, 앞으로 친정어머님을 모시고 살며 아이들을 키우게 하면 될 것이니 마음대로 하라는 며느리를 보면서 무조건 젊은이들을 이해해 달라고 하기보다는 며느리들도 바뀌어야 할 때임을 알게 되었습니다.

 이제 그럼에도 불구하고 한 번 더 섬기겠다고 작정하고, 작은 것 한 두 가지라도 실천하면 그 코와 눈 같은 관계는 다른 집 사람들의 이야기가 될 수 있지 않을까요?

10
메아리치는 말

가정불화가 잦은 집사님 부부가 있었습니다.

교회에서 부부동반 체육대회가 있어 그 부부는 체면상 참석을 하기로 하였습니다. 행사 중에 부부가 서로를 업어주며, 목표점까지 빠른 걸음으로 걸어가서 등수에 들면 상품을 타는 경기가 있었습니다.

먼저 남편 집사님이 아내 집사님을 업고 빠른 걸음으로 달려가기 시작하였습니다. 어젯밤도 대판 싸웠던 그 부부였지만, 자신의 몸무게로 인하여 힘들어하는 남편이 안쓰

러워 아내가 "힘들지?" 라고 말을 열었습니다.

 그러자 그 남편 집사님의 대답입니다. "그래 무거워 죽겠어. 당신이 무거운게 당연하지. 돌대가리에다, 철면피 그리고 강심장이니 다른 여자보다 무거운 것이 뭐 특별한 일인가?"

 다음 순서가 되었습니다. 그래서 아내 집사님이 남편 집사님을 업고 죽을 힘을 다하여 빠른 걸음으로 걸어가고 있었습니다. 남편도 자신의 육중한 몸무게로 인하여 힘들어하는 아내에게 미안한 듯 이렇게 말하였다고 합니다. "그래, 당신이 평소에 생각한 것보다는 내가 좀 가볍다고 느껴지지 않아?"

 그러자 그 아내 집사님의 대답입니다. "그럼요, 당신이 가벼울 수밖에 없죠! 당신은 허파에 바람이 들었지, 속은 비었지, 양심도 없죠, 게다가 머리에 든 것도 없으니 가벼운 것이 당연하지 않겠어요? 헉 허... 헉!"

 결혼한 후 세월이 지나고 나이가 들면 들수록 너그러운 성품이 될 것으로 생각을 합니다. 그런데 대체로 그 반대가 됩니다. 즉 결혼한 년 수와 상대방을 향한 섭섭함과 원망은 정비례하는 것 같습니다. 그 결과 신혼 초의 풍성하였던 식탁에서의 대화는 사라지고 이제는 수저소리와 수저에 부딪치는 그릇소리가 있을 뿐입니다. 물론 아내는 TV 없이는 밥을 먹을 수 없고, 눈길 줄 곳도 없으며, 남편은 취침 전까지 신문 없이는 마음 둘 곳이 없게 되지는 않았는지요?

물론 우리들은 부부로서 함께 사는 법을 배운 적도 없이 결혼을 하였습니다. 또한 대화하는 법을 훈련받고 결혼한 것도 아닙니다. 그러나 아주 평범한 한 가지 진리를 기억하고 실천하면 좋은 일이 생기기 시작할 것입니다.

말은 메아리칠 수밖에 없다는 것입니다. 굳이 성경을 인용한다면 심은 대로 거두는 것입니다. 좋은 말을 심으면 좋은 말을 거두고, 상처 주는 말을 심으면 상처받을 말을 거둘 것입니다.

결혼생활을 정의한다면 피차 끝없는 대화라고 말할 수 있습니다. 이제는 대놓고 화를 내는 대화가 아니라, 대놓고 화를 내던 사이가 변하여 서로에게 우로가 되는 대화자로 변하기를 사모해야 할 때입니다. 때가 악합니다. 사탄이 부부의 틈을 비집고 들어가는 것이 보이기 때문입니다.

11
초심으로 돌아가자!

좀 씁쓸하지만 그래도 완전히 부정하기에는 어려운 이런 이야기들을 들어보셨는지요?

여자를 사귄 세월만큼 변해 가는 남자들의 태도 이야기입니다.

· 자동차가 물을 튀기며 지나갈 때입니다.

 백일 : 자신의 온 몸으로 여자를 감쌉니다.
 일년 : 한 손으로 슬쩍 가려 주면서 자신의 옷을 재빨리 쳐다봅니다.

오년 : 여자를 힘차게 끌어 당겨 자신의 옷을 보호합니다.

· 업어 달라는 애인을 대하는 태도입니다.

백일 : 순간적으로 업어 몇 백리도 달려갈 듯 힘차게 걸어갑니다. 도리어 내려 달라고 할까봐 속으로 걱정하면서 말입니다.
일년 : 약 30m 쯤 업고 간 후에 "이젠 내려라, 허리 아파 돌아가시겠다. 왜 이리 무 거워졌노?"(실제로 몸무 게 차이는 거의 없음).
오년 : "와? 너 다리몽댕이 뿌러졌나? 빙신됐나? 까불지 말고 잠자코 따라 온나! 참."

· 애인과 극장을 가는 일입니다.

백일 : 보통 일주일에 한 두 번을 갑니다. 엄마에게 전화 올 것을 예상하여 핸드폰도 끄고 말입니다.
일년 : 평균적으로 한 달에 한번 갈까, 말까입니다.
오년 : "너 미쳤나? 영화 갈 돈과 팝콘 살 돈이면 비디오가 몇 편인지 알아? 이 사람아, 정신 차려, 정신!"

이런 상황의 변화로 인하여 자주 다투게 되면 드디어 '원앙부부', 즉 '원한과 앙심을 품은 부부'가 되고 맙니다. 그로 인하여 '아편전쟁', 즉 '아내와 남편의 부부싸움'이 잦아집니다. 그래서 이제는 자식들 앞에서도 눈치를 보지 않고 아편전쟁을 하는 부부가 되고 맙니다. 그 결과 '임전불퇴', 즉 '임신한 아내 앞에서는 침을 뱉지 않는다' 라는 기본상식마저도 져버리는 남편이 되고 맙니다.

그래서 우리들 곁에서 이제 남편은 자기 아내보다 딸을 더 의지하고, 아내는 자기 남편보다 아들을 더 의지하는 이상한 관계를 유지하고 있는 부부들을 심심치 않게 볼 수 있습니다. 성도님은 어디까지 이르렀는지 잘 모르겠으나, 이제는 한 가지를 꼭 기억해야 후회하지 않을 것입니다. '자식들은 손님이요, 부부는 주인이다' 라는 말씀을 말입니다. 그렇습니다. 자식들은 때가 되면 부부 곁을 재빨리 떠나갑니다. 물론 막을 수도 없습니다. 그리고 막는다고 가지 않을 것이라는 착각은 분명 착각일 뿐입니다.

어느 고속도로 휴게실 벽에 붙어 있던 한 구호가 생각납니다. "초심으로 돌아가 일하자!" 그렇습니다. 처음사랑을 회복하는 것은 만사형통 부부의 첫걸음입니다. 우리 그리스도인 모든 부부들에게 초심으로 돌아간 흔적이 한 가지 정도 있었으면 좋겠다고 생각해 봅니다.

12
그냥 깻잎 사다 먹었지 뭐!

노인학교를 다니던 친구들이 개학을 하여 복지관에 다시 모였습니다.

점심식사 시간이 되어 같은 테이블에서 식사를 하게 된 할아버지들 중에 한 분이 자기 아내 이야기를 하면서 닭살 돋는 호칭을 자꾸 쓰시는 것이 아닙니까? '자기', '허니', '달링', '그녀' 등 정말 노년에 맞지 않는 호칭을 사용하기에 친구들이 닭살스럽다며 핀잔을 주었습니다.

그러나 친구들의 표정을 읽지도 못하는지 이 할아버지는 계속 그런 호칭을 사용하였습니다. 그러자 한 성질 급한 친구가 가증스럽다면서 이제 그만 하라고 큰 소리로 제재를 하였습니다. 그러자 그 할아버지가 울상이 되어 하시는 말씀, "실은 말이야, 약 한 달 전부터 집사람 이름이 기억나지 않는 거야. 그래서 그만... 미안하구먼!"

어느 시골마을에서 있었던 또 다른 이야기입니다. 할머님 두 분께서 동네 어귀에서 만나 하시는 이야기 내용입니다. 반갑게 손을 잡으며 한 할머님께서 안부를 물었습니다. "그래, 바깥 어르신 잘 계시나?" 그러자 다른 할머님이 무표정으로 "아니야, 지난 주간에 죽고 말았어. 아 글쎄, 저녁에 먹을 상추를 캐러 밭으로 나갔다가 그만 심장마비로 죽고 말았어!"

"아니, 세상에 이런 일이? 그런데 이웃 동네에 살면서 상(喪) 당한 것 알려주면 안 되나? 이 친구야, 안됐구먼. 그래, 그래서 어떻게 하셨수?" "뭐 별 수 있나? 상추를 먹을 수 없어서 그냥 깻잎 사다 먹었지 뭐!" "...?..."

노년층을 비하하는 말씀을 드리려고 하는 것은 아닙니다. 다만 노년에는 건망증 증세가 심화된다는 것과 부부관계의 무관심이 깊어진다는 것을 말씀드리려는 것뿐입니다. 황혼 이혼이 늘고 있는 현세대입니다. 그리고 한쪽이 먼저 세상을 떠난 후에 혹 기회가 주어지면 적당한 시기에 재혼하는 것이 그리 낯설지 않은 시대에 우리들의 어르신들이 살고 계십니다.

그리고 재혼한 분들을 살펴보면 대체로 즐겁게 사는 모습을 쉽게 볼 수 있습니다. 그 이유는 심리학 용어를 사용하지 않더라도 쉽게 이해할 수 있습니다. 즉 먼저 간 아내, 혹은 남편에게 잘해 주지 못한 것에 대한 보상심리가 깊게 깔려 있음을 부인할 수 없습니다.

물론 새로 만난 아내 혹은 남편에게 잘 해 드리는 것은 귀하고 아름다운 모습입니다. 그러나 지금의 아내, 남편에게 그렇게 해 줄 수는 없는지요? 작은 것부터라도 말입니다. 그래서 제대로 걷지 못하는 할머니의 손을 잡고 본당에 올라오는 할아버지 성도의 모습이 아름다워 보입니다. 또한 할머니의 가방을 들고 올라오시는 할아버지 교인 그리고 할아버지의 안경을 닦아주며 보청기를 매만져 주는 할머니 교인의 모습이 더욱 아름다워 보입니다.

하나님이 부르실 때 우리들의 여러 가지를 그분께서 판단하실 것입니다. 그 중에 아마도 자신의 무관심과 냉대로 인한 아내의 눈물, 혹은 남편의 한숨도 하나님께서 판단하실 것입니다. 그 분의 판단과 심판이 무서워서가 아닙니다. 아직도 내 곁에 살아 있음이 감사해서 작은 사랑과 관심이라도 새롭게 결단하는 성도가 되시기를 소망해 봅니다.

13
부부 노년 10계명

　　　　　　때론 '그저 하시는 말씀이겠지...' 하는 생각으로 들어야 할 이야기들이 있습니다. 이런 이야기들입니다.

　만취한 상태로 운전을 하다가 경찰에 걸린 분의 이야기입니다. "그저 한잔만 마셨을 뿐인데...?!" 어찌 한 잔만 마셨는데 그렇게 취할 수 있단 말입니까? 아마도 화평동 냉면집 세숫대야 그릇으로 한 잔했다는 말씀이신지요?

　또 아직 잠에서 덜 깨신 목사님께서 새벽기도회를 인도하면서 사도신경을 이렇게 외우시더라는 것입니다. "...본디오

빌라도에게 잉태 되시사 십자가에 못 박혀 죽으시고…"
"귀 있는 자는 들으시고 웃을지어다!"

 그리고 또 한 가지 그저 그렇다는 말씀이시지 하며 들어야 할 이야기는 일부 연세 많으신 어르신들의 푸념입니다. "늙으면 빨리 죽어야지… 이건 부부가 아니라 원수야! 평생 원수!!"

 부부행복은 노력 없이 이루어지는 것이 아닌 것 같습니다. 특히 노년기의 부부에게 임하는 행복은 더 많은 노력과 결심이 필요할 것입니다. 그러나 정확한 목표도 없이 시위를 떠난 화살은 자칫 사람에게 치명적일 수 있듯이 기준이 없는 노력은 피차간에 아픔만 가중시킬 수 있습니다. 그래서 이런 '부부 노년 행복 10계명'을 말씀드리고 싶습니다.

 1계명 : 같은 신앙을 가지세요. 그것이 현실적으로 불가능 하다면 같은 취미를 가지세요.
 2계명 : 작은 선물이라도 먼저 준비하여 드리세요. 놀라운 반응을 얻을 것입니다.
 3계명 : 서로 격려의 말을 아끼지 마세요. 그렇게 말할 수 있는 대상이 있을 때에요.

4계명 : 같이 가까운 곳이라도 여행을 떠나보세요. 여행은 좋은 거울이 될 것입니다.

5계명 : 잠자기 전 30분 정도 대화해 보세요. 더 이상 대놓고 화낼 일이 없을 것입니다.

6계명 : 기념일을 꼭 챙기세요. 만일 자녀들을 초청하신다면 더 좋을 것입니다.

7계명 : 서로 유연하게 생각하고 행동하세요. 이제 그 정도의 연세에는 말입니다.

8계명 : 함께 봉사하는 일에 동참해 보세요. 자신들은 아직 행복한 부부라는 것을 확인하시게 될 것입니다.

9계명 : 건강을 지키는 일을 의논하여 협의한 후 실천해 보세요.

10계명 : 내세에 대한 대화를 기피하지 말고 믿음으로 확인하는 시간을 가지세요.

이는 젊은이 중심의 현 사회와 문화 속에서 결코 소외되지 않는 지름길도 될 것입니다. 또한 노년이라는 위기를 기회로 삼아 제2의 신혼기를 누리는 첩경이 될 것입니다. 물론 이미 먼저 배우자를 보낸 분들에게는 너무나 죄송한 글입니다. 그러나 하나님의 성령께서 그 홀로된 상황 속에서도 위로해 주시는 은총이 이슬 같기를 기도해 봅니다.

14
만두 속 터지는 소리

어느 가정의 이야기랍니다. 시어머님의 말씀인데 "우리 며느리가 무슨 약인지 모르지만 늘 몰래 혼자만 먹어! 그래서 좀 섭섭해..." 라고 교회 동갑 할머니들에게 볼멘 목소리로 이야기 하셨습니다. 며칠 후 다시 그 어르신께서 말씀하시면서 "이제는 내가 궁금해 하는 것을 눈치 챘는지, 아예 어디다 숨겨 놓고 먹는단 말이야!" 라며 불평을 늘어 놓으셨습니다.

교회 친구들은 한결같이 "이제는 몸이 허약해질대로 허약해진 시어미에게 먼저 드려야지, 몹쓸 며느리 같으니라고..." 라며 맞장구를 쳤습니다. 그러던 어느 날 며느리가 일찍 교회를 간다며 집을 나가기에, 작심하고 그 약을 찾아보았습니다. 드디어 찾기는 찾았는데 글자가 거의 영어로 되어 있고 한글표시도 작은 글씨로 되어 있어 무슨 약인지 도무지 알 수 없었다고 합니다. 그런데 고급 약인 것은 분명한 듯 하였습니다.

그래서 혼자 자기 몸만 위하여 몰래 고급 약을 먹는 며느리가 미워서 그 알약을 자신도 하루에 한 알씩 먹기 시작하였습니다. 그러다 어느 날 약이 생각보다 많이 없어진 것을 눈치 채고 자기에게 물어오면 한번 혼을 내줄 생각으로 말입니다. 아니나 다를까, 얼마 후에 며느리가 방으로 들어와 조심스럽게 이런 말씀을 드리는 것이었습니다.

"어머님, 이런 말씀드리는 것이 죄송하지만 혹시나 해서 말씀드리는 것이니 마음 상하지는 마세요. 혹 제 방에 있는 약을 어머님이 드시고 계시나요?" '때는 왔다' 생각되어진 이 어르신께서 며느리 말이 떨어지기도 전에 "그래, 그 약 내가 좀 먹었다. 뭐 잘못됐냐? 좋은 약을 먼저 나에게 주지는 못할망정 나누어 먹을 줄은 알아야지…. 요새 배웠다는 젊은 것들이 더 한단 말이야!"

그런데 그런 핀잔을 준 그 시모님께서 그 날 참으로 민망하셨다는 것입니다. 왜 그런지 아세요? 그 약은 피임약이었다는 것입니다. 피임약... 그 시모님의 이야기에 교회 경로잔치는 좀처럼 끊어지지 않는 웃음으로 바다를 이루고 말았다고 합니다.

또한 어느 교회에서 야외예배를 가면서 버스 안에서 부부를 소개하는 시간이 있었다고 합니다. 순서에 따라 어느 집사님 내외분에게 마이크가 돌아왔습니다. 남편이 자기 부부 사이를 비유로 말하면서 이렇게 이야기를 하였다고 합니다. "우리 사이는 고기만두의 고기와 만두피 같지요! 만두 속에 고기가 들어 있듯이 우리는 그렇게 하나랍니다!"라고 말입니다.

그러자 버스 안에는 환호와 함께 박수가 터졌습니다. 그런데 그 남편에게서 마이크를 빼앗듯이 가져간 아내가 퉁명스러운 말투로 이렇게 이야기했다는 것입니다. "그런데 우리 집에서는 만두 속 터지는 소리가 매일 난답니다. 어휴, 웬수!!"

가족관계는 문으로 들어간 후 먼 길을 걸어가는 것과 같습니다(마7:13). 문으로 들어가는 것은 어쩌면 쉽고 간단합니다. 즉 부부가 된다는 것, 혹은 고부간이 된다는 것은 어쩌면 그 후의 긴 가정사의 길을 걸어가는 것보다는 쉬운 듯합니다. 그렇습니다. 가족관계는 100m 달리기가 아니라 마치 마라톤을 달리는 것처럼 긴긴 여정입니다. 그러므로 신뢰와 이해가 참으로 필요한 곳이 바로 가정입니다(빌1:14, 엡5:17). 그것도 자기 자신이 먼저 말입니다. 그래서 지금이 성령의 열매 중 사랑과 인내의 은사가 절실히 필요한 때인 것 같습니다(갈5:22-23).

한번 보면 **유머**
두번 보면 **탈무드** 2

초판1쇄 · 2005년 8월 30일

지은이 · 이건영
펴낸이 · 채주희
펴낸곳 · 엘맨출판사

등록번호 · 제13-1562호(1985.10. 29)
주소 · 서울시 마포구 합정동 433-62
전화 · (02)323-4060, 322-4477
팩스 · (02)323-6416
이메일 · elman1985@hanmail.net
ISBN 89-5515-225-6
값 · 8,500원

* 이 책에 대한 무단 전재 및 복제를 금합니다.
* 잘못된 책은 구입하신 서점에서 바꿔 드립니다.